Erika Wichmann

Warte nicht auf's nächste Leben! –
Folge dem Ruf deiner Seele!

In 10 Schritten zu einem selbstbestimmten glücklicheren Leben!

Erika Wichmann

Warte nicht auf's nächste Leben! – Folge dem Ruf deiner Seele!

In 10 Schritten zu einem selbstbestimmten glücklicheren Leben!

Rediroma-Verlag

Bibliografische Information der Deutschen Nationalbibliothek:
Die Deutsche Nationalbibliothek verzeichnet diese Publikation in der Deutschen Nationalbibliografie; detaillierte bibliografische Daten sind im Internet über http://dnb.ddb.de abrufbar.

ISBN 978-3-86870-892-9

Umschlagillustration: Mr. Nico / photocase.de

www.rediroma-verlag.de
12,95 Euro (D)

Inhalt

Vorwort

Liebe Leserin, lieber Leser,

dieses Buch widme ich allen Menschen, die fest entschlossen sind, ihr Leben in die Hand zu nehmen und aktiv zu gestalten, die willens sind, ihr »Opfertum« hinter sich zu lassen und nicht länger in Schuldzuweisungen bezüglich ihrer Vergangenheit stecken zu bleiben.

Auch wenn Eltern und Erzieher/innen zuweilen versagt haben, es nützt uns nichts, länger damit zu hadern. Wir müssen es nicht schönreden, aber das Annehmen dessen, was war, und radikale Vergebung sind der Ausgangspunkt für eine selbstbestimmte Zukunft.

Manchmal liegen die Ursachen für heutige Probleme auch in einem früheren Leben.

In über 20 Jahren Rückführungsarbeit habe ich viele karmische Verstrickungen und Ursachen für heutige Probleme kennengelernt und zusammen mit den Klienten und der licht- und liebevollen geistigen Welt auflösen dürfen.

So hoffe ich, dass mein Buch allen hilft, die ihre innere Wahrheit leben möchten und bereit sind, sich von alten Konditionierungen zu befreien.

Insbesondere möchte ich es auch meinen Reiki-Schüler/innen und allen Reiki-Eingeweihten ans Herz legen.

Eine REIKI-Einweihung setzt oft so vieles im Leben in Gang und bringt große Veränderungen mit sich.

Durch die Anhebung der Schwingungen bekommen wir eine andere Ausstrahlung, sehen die Welt aus verändertem Blickwinkel und ziehen andere Dinge oder Beziehungen an. Teilweise geschehen »Wunder«, mit denen man vorher nicht gerechnet hat. Diese Veränderungen geschehen auf allen Ebenen unseres Seins, der körperlichen, emotionalen und gedanklichen.

Das alles sind keine Zufälle, oder doch »Zu-fälle« im wahrsten Sinne des Wortes. Es fällt uns zu, denn wir haben uns verändert, und hier greift dann ein wichtiges geistiges Gesetz: »Wie innen, so außen.« Es ist eines der sieben Prinzipien des Hermes Trismegistos, der etwa 3000 Jahre vor Christi Geburt, etwa zur Zeit Abrahams, gelebt haben soll. Diese Philosophie ist für mich in sich logisch und enthält die »Spielregeln des Lebens«. Wer sie kennt und anwendet, wird zum aktiven Mitspieler und nicht mehr wie eine Figur auf dem Schachbrett hin und her geschoben. Ich werde versuchen, sie so verständlich und praktisch umsetzbar wie nur möglich zu vermitteln.

Denn mein Anliegen ist nicht eine weltfremde abgehobene Haltung, sondern ein lebendiges, freudvolles und herzliches Miteinander auf dieser Erde.

Neben der Klarheit auf der mentalen Ebene halte ich die Klärung unserer Gefühlsebene für sehr wichtig und hier besonders den Kontakt mit unserem bedürftigen inneren Kind. So lange wir nicht auf seine, d.h., unsere Bedürfnisse eingehen, lebt es in uns, z.B. traurig, wütend, neidisch, eifersüchtig. Erst wenn wir selbst lernen, es wahrzunehmen und wie eine gute Mutter/ein guter Vater für uns zu sorgen, können wir erwachsen werden und ein frohes, selbstbestimmtes Leben führen. Ansonsten bleiben wir stecken, projizieren unsere Gefühle auf die uns umgebenden Personen, in der Annahme, es würde uns besser gehen, wenn es sie nicht gebe oder sie uns anders behandeln würden.

Die Veränderung aber muss immer zuerst innen erfolgen, dann verändert sich alles im Außen automatisch, denn: »wie innen, so außen«.

Viele, die auf dem spirituellen Weg sind, schätzen den Körper als weniger wert ein als den Geist. Ich meine, der Körper ist das Zuhause unserer Seele. Wir sollten ihn pflegen, gesund erhalten und das Leben auch mit allen Sinnen genießen.

Ich will versuchen, in diesem Buch eine umfassende Weltsicht und die sich daraus ergebenden praktischen Konsequenzen zu vermitteln, so wie ich sie im Laufe meiner Entwicklung kennengelernt habe.

Das Buch ist so aufgebaut, dass es dich in zehn Schritten in ein neues verändertes Leben führt. Es gibt also zehn Hauptkapitel, die eine oder mehrere Anregungen und Übungen enthalten.

Am wirksamsten ist es, das Buch Seite für Seite durchzugehen und die Übungen nach und nach zu machen, da der Aufbau bewusst so gewählt wurde. Aber du kannst natürlich auch hin und her springen und Kapitel, die dich besonders anziehen, zuerst lesen. Es soll ja Spaß machen und spannend bleiben.

Ich rate dir, die Übungen wirklich schriftlich zu machen, Gedanken sind flüchtig, schießen einem mal so eben durch den Kopf und schon ist der nächste da.

Durch das Aufschreiben wird das Denken verlangsamt und alles Innere wird dir mehr bewusst. Außerdem kannst du später alles noch einmal nachlesen und deine Entwicklung gut verfolgen.

Einleitung

Folgende 5 Punkte möchte ich als wesentlich voran stellen:

1. Achte auf deine Gedanken!

Wie innen, so außen, das ist ein kosmisches Gesetz! Erst müssen wir uns im Inneren verändern, dann ziehen wir entsprechendes aus dem Außen an. Jede Veränderung beginnt mit einem Gedanken, an den Vorstellungsbilder geknüpft sind. Daher beschäftigen wir uns als erstes auch mit der Kraft der Gedanken und Vorstellungen.

Wir versuchen, den alten »Programmen« auf die Spur zu kommen, die immer wieder das anziehen, was wir nicht wollen, und entwerfen eine neue Zukunft.

Du kannst dich Schritt für Schritt umprogrammieren. Mit den Veränderungen im Denken, Vorstellen und Glauben setzt du Ursachen, die das in dein Leben ziehen, was du verwirklichen möchtest. Durch andere Gedanken- und Gefühlsschwingungen ziehst du nach dem Gesetz der Resonanz andere Menschen und Ereignisse in dein Leben.

Diese geistigen Gesetze habe ich in dem Kapitel »Die Spielregeln des Lebens« dargestellt.

2. Sorge für dein inneres Kind!

In dir lebt immer noch das Kind, das du einmal warst, das enttäuscht, verletzt oder nicht genügend anerkannt und geliebt wurde. Du hast Überlebensstrategien entwickelt und Gefühle, die nicht erlaubt waren, verdrängt. Das heißt nicht, dass sie weg sind. Es kostet unnötige Energie, verdrängte Gefühle unter dem Deckel zu halten, und sie stellen Blockaden dar, die dich im Leben behindern. Sie warten geradezu darauf, entdeckt und erlöst zu werden.

Welche Gefühle sind vorherrschend? Achte auf Trauer, Wut, Eifersucht oder Neid! Diese Gefühle sind wichtige Hinweise auf alte negative Programme. Dagegen zeigen uns positive Gefühle, wie z.B. Freude, dass wir auf dem richtigen Weg sind, denn in uns lebt auch ein fröhliches, kreatives Kind, das es zu entdecken gilt.

Du wirst Hilfen finden, mit deinem inneren Kind in Kontakt zu kommen und seine Botschaften wahrzunehmen, auf dass du für dich selbst eine gute Mutter/ein guter Vater wirst.

3. Sei gut zu deinem Körper!

Achte auf die Signale, die er dir gibt! Pflege ihn, ernähre ihn gesund, sorge für ausreichend Schlaf, frische Luft und Bewegung.

4. Höre auf deine innere Stimme!

Die innere intuitive Stimme (Impulse und Eingebungen) weist uns den Weg, der uns gut tut, die innere Stimme »weiß« einfach, sie sagt nicht »du musst« oder »du sollst«. Diese Impulse kommen nicht vom Verstand, sondern von unserer Seele, die durch die innere Stimme zu uns spricht.

Alles, was du wissen musst, ist schon in dir – das Buch dient lediglich dazu, es hervorzuholen, damit du dich aus dem Kokon befreien kannst und zum bunten Schmetterling wirst, der mit Leichtigkeit durchs Leben »fliegt«, voller Lebenslust und Lebensfreude. Vielleicht bist du gerade erst in dem Stadium des Eis, vielleicht auch der Raupe oder sogar schon eine Puppe?

Werde, die/der du bist! Alle Weisheit ist in dir! Es kommt darauf an, sie endlich zu vernehmen. So lange wir das Drängen unserer Seele nicht wahrnehmen und unsere innere Stimme nicht hören, werden wir keinen inneren Frieden finden.

Unsere erste Übung sollte daher sein, still zu werden und in uns hineinzuhorchen. Daher findest du in diesem Buch auch einige Meditationsübungen.

5. Handle! Mach dich auf den Weg!

Wenn du sicher bist, dass dein Ziel sich gut anfühlt, dann beginne, in die richtige Richtung zu denken und zu handeln, sonst ergeht es dir wie Moshe, der jeden Samstag in die Synagoge geht und inständig betet:

»Lieber Gott, lass mich einmal gewinnen in der Lotterie!«

Die Jahre vergehen, und als Moshe im Sterben liegt, lässt er sich in die Synagoge tragen und flüstert: »Lieber Gott, lass mich einmal gewinnen in der Lotterie!«

Da spaltet ein Donnerschlag die Synagoge und eine gewaltige Stimme ertönt von oben: »Moshe, gib mir 'ne Chance und kauf dir endlich einmal ein Los!«

Beschaffe dir die Informationen, die du brauchst, tu alles, was du im Moment für dein Ziel tun kannst. Wenn du noch nichts tun kannst, dann warte ab, aber verlier dein Ziel nicht aus den Augen!

Wir müssen den Weg noch nicht kennen, der zum Ziel führt, er wird uns mit der Zeit gezeigt und immer klarer. Aber wir müssen erstmal losgehen, dann kommen wir an Weggabelungen oder Hinweisschilder.

Wenn wir unsere Gedanken und Vorstellungen auf das richten, was wir erreichen wollen, werden wir ein Magnet für alles, was zur Erfüllung unserer Wünsche und Ziele beitragen kann. Wir sehen eine Annonce, ein Buch fällt uns in die Hand, sehen eine Sendung im Fernsehen oder treffen eine Person, die uns weiterhilft.

6. Bitte die licht- und liebevolle geistige Welt um Hilfe!

Vergiss nicht, dass du von helfenden Energien umgeben bist, die du jederzeit anrufen kannst. Wir sind nicht allein, es gibt eine geistige Welt, eine für die meisten Menschen unsichtbare Ebene von Lichtwesen unterschiedlicher Schwingungen, und wir bekommen aus diesen Dimensionen die Unterstützung, die für unseren Lebensweg wichtig ist. Wir müssen allerdings darum bitten, denn sie lassen uns unseren freien Willen. Lediglich der Schutzengel greift ab und zu ein, wenn unsere Zeit noch nicht gekommen ist, um die Erde zu verlassen.

Bitte täglich um göttlichen Schutz und göttliche Führung und bedanke dich für alles Gute in deinem Leben!

1. Schritt – Theoretische Grundlagen – Die Gesetze des Schicksals oder die Spielregeln des Lebens verstehen

Warte nicht auf's nächste Leben!

Folge dem Ruf deiner Seele, deinem Seelenplan!

Unsere Seele kommt nicht als unbeschriebenes Blatt auf die Erde. Wir tragen in uns nicht nur die Erbanlagen der Vorfahren, vielleicht auch einige archaisch anmutende Ängste, z.B. vor Spinnen oder Schlangen, sondern auch die Erfahrungen aus vielen früheren Leben, unser Karma. Das muss durchaus nicht negativ sein. Leider ist der Begriff mehr negativ als positiv belegt. Wir bringen auch Gaben und Talente mit, die gelebt und verwirklicht werden wollen.

Es geht um unseren Seelenplan. Nur, wie sollen wir ihn lesen? Wir kennen viele Pläne, z.B. Wanderpläne, Autokarten oder Fahrpläne, die sind oft schon schwer genug zu lesen!

Unseren Seelenplan können wir nirgendwo kaufen, wir können ihn nur nach und nach erspüren und kennenlernen. Dabei hilft uns der Verstand leider herzlich wenig!

Die Seele hat viele verschiedene Möglichkeiten, mit uns zu kommunizieren, nämlich über unseren Körper, unsere Gefühle und die Intuition.

Die Botschaften sind manchmal sehr leise, kaum wahrnehmbar, ein leichtes Unbehagen, ein diffuses Gefühl, nicht gleich einzuordnen, oft aber auch sehr deutlich: Wir bekommen einen »Hexenschuss«, können uns nicht bewegen oder werden von einer starken Erkältung ins Bett geschickt. So wird uns dann manche Zwangspause verordnet, die uns die Gelegenheit bietet, in uns hinein zu horchen.

Auf Körperebene gibt es ja schon die bekannten Sprüche: »Es geht mir an die Nieren«, »dir ist wohl eine Laus über die Leber gelaufen« oder »es schlägt mir auf den Magen«.

Alle von uns kennen intuitive Eingebungen, denen wir nicht gefolgt sind und wo wir uns im Nachhinein geärgert haben. Mit den Gefühlen verhält es sich schon etwas komplizierter, da neigen wir schnell dazu, anderen Menschen die Schuld für unsere Wut oder unseren Ärger zuzuschieben. Negative Gefühle aber sind das Barometer unserer Seele, sie sind Hinweise auf etwas, das nicht stimmig ist, und niemand von außen kann etwas daran ändern, nur wir selbst.

Das Leben ist zu schade, um es in unglücklichen Beziehungen oder krankmachenden Arbeitsverhältnissen zu verbringen! Leider aber ist die Angst vor dem, was uns erwartet, wenn wir die alten eingetretenen Pfade verlassen, unser größtes Hindernis, etwas zu verändern. Der Verstand kennt nur das, was war oder ist, vor allem Neuen scheut er oft zurück. »Verstand« ist die Vergangenheitsform und mein Lehrer Peter Tilmanns hat einmal gesagt: »Der Verstand heißt so, weil er nicht versteht, sonst würde er ja *Versteht* heißen.«

Er kann uns aber doch sehr von Nutzen sein, um im Internet zu surfen, Informationen herauszusuchen und eben die Botschaften der Seele ernst zu nehmen und ihr zu dienen, denn die Botschaften wahrzunehmen ist die eine Seite, etwas zu verändern der nächste Schritt.

Wollen wir unser Leben meisterhaft gestalten, müssen wir die Schule des Lebens vom Lehrling über den Gesellen zum Meister Schritt für Schritt durchlaufen. Unser Weg ist dabei nicht linear, in einigen Gebieten sind wir vielleicht schon Meister/in, auf anderen noch Lehrling.

Es gibt viele Ebenen des Lebens, auf denen es etwas zu lernen gibt.

Auch der Verstand muss zu seinem Recht kommen! Für ihn vor allen Dingen müssen wir die Spielregeln des Lebens kennen, um sie richtig zu verstehen und anwenden zu lernen. Das sind für mich die geistigen Gesetze des Hermes Trismegistos, der diese schon lange vor Christi Geburt den Menschen überbracht hat. Diesen habe ich in meinem Buch ein Kapitel gewidmet und komme auch immer wieder auf sie zurück. Für mich als Kopfmenschen waren sie eine Offenbarung!

Du findest sie in dem Buch »Kybalion« aus dem Aurinia-Verlag

Aber auch das allein reicht ja noch nicht, denn die Spielregeln des Lebens zu kennen ist eine Sache, sie umzusetzen eine andere. Dafür wir brauchen auch etwas Handwerkszeug.

Ein paar Werkzeuge, die ich für mich als nützlich erfahren habe, möchte ich dir gern in diesem Buch vorstellen.

Spüre vorab mal in dich hinein! Wie fühlst du dich an dem Platz, an dem du arbeitest? Wie fühlst du dich innerhalb der Gesellschaft, in deinem Beziehungsgeflecht?

Bist du am richtigen Platz oder hast du oft das Gefühl im »falschen Film« zu sein?

Was ist dein Traum? Wonach sehnst du dich?

Ein Sportwagen, eine erfüllte Beziehung, ein Traumberuf? Du kannst fast alles erreichen, auf das du deine Gedanken richtest, die Gedankenkraft ist mächtig, aber hüte dich auch vor deinen Wünschen, denn sie könnten Wirklichkeit werden und du bist weiterhin unzufrieden und innerlich leer!

Also prüfe deine Träume und Ziele genau. Stell dir dein Ziel als erreicht vor, schließe die Augen und lass deine Fantasie spielen. Sieh dich in deinem Traumberuf, in der Beziehung, in dem neuen Auto – wie fühlt es sich an? Was ist die Essenz dessen, was du möchtest? Bringt es dir wirklich Erfüllung, mehr Lebensfreude und inneren Frieden oder willst du nur dein Image aufpolieren oder es deinen Eltern endlich mal zeigen?

Nimm dir viel Zeit, dich deiner Ziele klar zu werden, denn:

Alle Eiligen sollten wissen, dass die Wahl des Zieles und der Richtung wichtiger ist als die Eile, denn wer in die falsche Richtung geht, dem hilft auch Galoppieren nichts.

Vorsicht vor »Gurus« und allen, die meinen, die Weisheit mit Löffeln gefressen zu haben!

Solange sie Katalysator für deinen Wachstumsprozess sind, ist es gut. Wenn sie dich abhängig machen, dich einseitig beeinflussen wollen, dann lass die Finger davon! Alles, was als allein selig machend angepriesen wird, ist verdächtig. Bleib bei dir und verliere dich nicht in dem Dschungel von esoterischen Lehren und exotischen Kursen.

Mach nur das, wobei du ein gutes Gefühl hast. Gehe

immer wieder in dich und befrage deine innere Stimme!

Denn auch das kann zur Sucht werden: Man besucht einen Kursus nach dem anderen, aber packt nichts wirklich an. Auch das zwanzigste Buch nützt nichts, wenn man nicht anfängt zu handeln.

In diesem Sinne ist dieses Buch nicht nur als Lesebuch sondern als Lebebuch gedacht.

Wenn du die Übungen machst, kann es dein Leben von Grund auf verändern. Es wird aber nicht unbedingt gleich bequemer, im Gegenteil, es kann vorübergehend sehr ungemütlich werden, denn die Menschen in deiner Umgebung haben sich doch so an dich gewöhnt.

Gehe liebevoll und gelassen mit ihnen um, aber verfolge deinen Weg konsequent und mit Nachdruck.

Jeder Mensch, der mehr zu sich selbst findet, ist ein leuchtendes Beispiel für die anderen und ebnet ihnen den Weg. Das ist besonders für unsere Kinder wichtig.

Meine Geschichte:

Bei mir begann alles mit einem Kursus an einer Volkshochschule, das Thema war: Positives Denken.

Ich war erschöpft – mit halber Stundenzahl als Grundschullehrerin tätig, meine Kinder 3, 11 und 13 Jahre alt. Dazu war ich politisch aktiv, saß für die Grünen im Gemeinderat, hatte ein großes Haus und Grundstück zu pflegen.

Ich war mit den Nerven am Ende, hatte ständig Augenentzündungen.

Ich wusste, dass ich etwas verändern musste, aber was? Das Thema des Kurses hat mich angesprochen. So lernte ich etwas über die Kraft der Gedanken und studierte die Bücher der positiven Denker wie Murphy, Freitag oder Tepperwein.

Ich begann, mich mit den Zusammenhängen von Körper, Geist und Seele zu beschäftigen und arbeitete das Buch von Louise Hay durch, das ich auch heute noch jedem empfehlen kann: »Gesundheit für Körper und Seele«.

Ich suchte mir eine Affirmation für meine Augenprobleme aus, sie lautete:

»Ich schaffe mir jetzt das Leben, das ich gern anschaue!«

Diese Affirmation öffnete mir wirklich die Augen! Ich wusste, ich musste unbedingt etwas verändern. In dieser Zeit begegnete mir auch Reiki. Meine Freundin wollte mit mir einen Reikikurs besuchen, aber ich meinte, das wäre nichts für mich!

Aber zu einem Vortrag bin ich mitgegangen und bekam im Anschluss eine kurze Probebehandlung. Das war eine wunderbare Erfahrung! Ich spürte einen Energiestrom, meine Verspannungen in den Schultern lösten sich auf und alles floss durch den ganzen Körper bis zu den Füßen in die Erde!

Da war mir klar: Das mache ich!

Das REIKI-Seminar im Jahr 1989 bei Sebastian (damals Sancalpo) Jentzen in Hornsdorf bei Segeberg war eine ganz intensive Erfahrung für mich. Ich hatte ein starkes Lichterlebnis und spürte während der Einweihung, wie ein Lichtstrahl auf mein drittes Auge zukam und in mich hinein ging.

Zudem hat mich besonders beeindruckt, wie liebevoll die

Menschen in der Gruppe miteinander umgingen, die sich doch zum ersten mal getroffen hatten. Am Abend des zweiten Tages lag ich nach der Abschlussentspannung erschöpft, aber mit großem inneren Frieden am Boden, die Tränen liefen mir nur so runter und ich wollte am liebsten erst einmal nicht wieder aufstehen.

Aber es half ja nichts, der Alltag musste wieder bewältigt werden.

Nach der Einweihung behandelte ich mich fast täglich, machte wenigstens den Chakrenausgleich. Das brachte mir viel Ruhe und mich immer mehr in meine Mitte. Ich habe mich mit vielen Themen beschäftigt – REIKI-Bücher, esoterische Lehren, geistige Gesetze, Verstand und Intuition, usw. – ich verschlang sie wie Romane.

Ich bekam dadurch 1991 den Mut, mich vom Schuldienst beurlauben zu lassen, was aus Sicht des Verstandes völlig verrückt war, denn eigentlich brauchten wir mein Geld zum Leben.

Aber alles hat sich gut gefügt Ich ließ mich 1991 in den zweiten Grad einweihen und besuchte ein Seminar nach dem anderen, lernte Reinkarnationstherapie und Methoden zur Tiefenentspannung, um Seminare in den Volkshochschulen zu geben.

An dieser Stelle möchte ich Peter Tillmans herzlich für seine Begleitung danken, ich habe viel von ihm gelernt.

Mein Dank gilt auch Simone Wagner, die an der Seite von Peter viele Seminare mit geleitet und mich zur REIKI-Meisterin/Lehrerin eingeweiht hat.

Vor allem aber danke ich auch meinem lieben Mann Gerhard, der mich immer unterstützt hat und ohne den ich diesen Weg so nicht hätte gehen können.

Nachdem ich 5 Jahre lang beurlaubt war, entschied ich mich, wieder mit halber Stundenzahl in die Schule zu gehen. Aber meine Seele hatte etwas anderes auf dem Plan! Wenn ich an die Schule dachte, hatte ich Magenschmerzen. Ich hatte mich für eine Projektwoche in der Grundschule als Helferin gemeldet, aber konnte mich an dem Morgen, als die Projektwoche begann, nicht bewegen, mein Rücken tat so weh, dass ich nicht aufstehen konnte, obwohl ich nie zuvor Rückenschmerzen gehabt hatte.

Meine Seele hatte mir schon lange signalisiert, dass sie am liebsten nur noch in dem Bereich Entspannungskurse, Behandlungen und Rückführungen tätig sein wollte – aber ich war schließlich Beamtin! Auf der einen Waagschale lagen Sicherheit und Pension, auf der anderen das, was ich am liebsten tun wollte.

Ich bat die geistige Welt um Zeichen und habe innerhalb einer Woche so viele Hinweise bekommen, dass ich 1996 den Mut fand, aus dem Schuldienst ganz auszuscheiden und den Beamtenstatus aufzugeben.

Im Februar 1998 machte ich dann die Ausbildung zur Reikimeisterin und Reikilehrerin. Im März hielt ich mein erstes Seminar ab.

Alles kam zu mir, zur richtigen Zeit, am richtigen Ort, in der richtigen Reihenfolge.

Ich möchte alle, die sich auf dem Weg befinden, wohin er sie auch immer führt, an meinen Erfahrungen teilhaben lassen und hoffe, dass sie euch ein wenig helfen, euren Alltag zu meistern, euren Weg zu finden und der Sehnsucht eurer Seele zu folgen.

Ich danke Gott und allen licht- und liebevollen geistigen Helfern für die Führung auf meinem Weg.

Grundlagen der Esoterik – Die hermetische Philosophie

Da ich mich im Laufe dieses Buches immer wieder auf diese Grundprinzipien beziehen werde, möchte ich gleich zu Beginn die wesentlichen Aspekte dieser Philosophie erläutern. Wer lieber gleich in die Praxis einsteigen möchte, kann dieses Kapitel auch gern überspringen und später nachlesen!

Die hermetische Philosophie geht zurück auf Hermes Trismegistos – d.h. der »Dreimal große Hermes« –, der Priester und Eingeweihter im frühgeschichtlichen Ägypten war. Manche vermuten, dass er zur Zeit Abrahams, etwa 3000 Jahre vor Christus, gelebt hat. Auf jeden Fall einige hundert Jahre vor Christi Geburt.

Viele Orientierungshilfen und Deutungen der Sinnhaftigkeit des Lebens können auf die Grundsätze dieser Philosophie zurückgeführt werden. Es wird auch angenommen, dass in dieser Philosophie der Ursprung einiger östlicher Religionen und auch der des Christentums liegt oder sie zumindest in diese Eingang gefunden hat.

Die Grundlage bilden die sieben hermetischen Prinzipien:

1. Das Prinzip der Geistigkeit,

2. das Prinzip der Entsprechung,

3. das Prinzip der Schwingung,

4. das Prinzip der Polarität,

5. das Prinzip des Rhythmus,

6. das Prinzip von Ursache und Wirkung,

7. das Prinzip des Geschlechts

Aus dem Kybalion:

»Diese Prinzipien beinhalten, dass das All – das nach seiner Natur nicht definiert werden kann – als »Geist« deklariert dem Universum als seiner Schöpfung zwangsläufig das Prädikat »geistig« zuweist, dass also, vom All her gesehen, alles Geist und von der Schöpfung und vom Geschöpf her gesehen, alles geistig ist; dass alles, weil letztlich aus der gleichen Wurzel stammend, untereinander Entsprechungen aufweist und dass sich Entsprechungsebenen von der dichtesten Materie bis in die höchsten Formen reinen Geistes fortlaufend durch das ganze Universum errichten lassen; dass alles in Schwingung und fortlaufender Bewegung ist und sich daher die Entsprechungsebenen durch ihre jeweilige Schwingungshöhe voneinander unterscheiden; dass alles seine Polarität, seine Gegensätzlichkeit hat, die aus der gleichen Natur bei unterschiedlichen Schwingungsgraden als etwas relativ fixierbares hervortritt; dass alles, seinem Wesen nach ja Schwingendes, also Dynamisches, rhythmischen Gezeiten unterliegt, denen eine kompensatorische Bedeutung innewohnt; dass durch alle Ebenen hindurch alles dem Zusammenhang von Ursache und Wirkung unterworfen ist; und schließlich, dass alles ein bipolares Geschlecht zeigt und darin sein schöpferisches Wesen offenbart.«

Mit meinen Worten:

Am Anfang war der Geist, (in der Bibel: Am Anfang war das Wort) – alles, was wir erschaffen, beginnt auf geistiger Ebene mit einem Gedanken und nimmt dann allmählich Gestalt an. Die Richtung, in die wir denken, bestimmt unser Leben, zieht bestimmte Dinge in unser Leben. Das Prinzip der Entsprechung bedeutet: wie innen, so außen. Was mich im Außen trifft, anzieht, bewegt, betrifft mich, wenn ich mich selbst nicht mag, mögen mich auch die anderen nicht. Eigenschaften, die ich beim anderen ablehne oder bewundere, sind auch in mir, usw. Das Prinzip der Schwingung besagt, dass wir z.B. mit jemandem auf gleicher Wellenlänge sind oder auch nicht. Je nachdem, wie unsere Schwingungen sind, ziehen wir bestimmte Dinge an, wir schaffen Kanäle, in denen Gutes oder auch Unangenehmes zu uns fließen kann. Alles schwingt in einem Rhythmus, es gibt keinen Stillstand, alles ist in Bewegung, auf Ebbe folgt Flut, auf den Tag die Nacht, usw. Da sind wir dann gleich schon bei der Polarität, wir würden die Freude ohne den Schmerz nicht kennen, die Gesundheit nicht ohne die Krankheit, usw. Jede Begebenheit hat ihre Ursache und ist wieder Ursache für das folgende Geschehen. Eine besondere Erscheinung der Polarität ist das Prinzip der Geschlechtlichkeit, es gibt männliche und weibliche Lebensformen und männliche und weibliche Energien in jedem von uns.

Wenn man diese Prinzipien verstehen und anwenden lernt, kann man sich vieles im Leben erleichtern. Man durchschaut viel schneller, was so um einen herum gespielt wird und lernt vor allen Dingen sich selbst besser kennen.

Ich möchte auf jede der 7 Prinzipien kurz eingehen.

1. Das Prinzip der Geistigkeit

Das All ist Geist, schöpferischer Geist. Die Erscheinungswelt ist eine geistige Schöpfung des Alls. Gottes Geist, die universale Lebensenergie, steht über allem und ist in allem. Der Geist selbst ist unerkennbar, kann aber als das eigentlich Schöpferische verstanden und gedacht werden.

Jeder Ereignisverlauf beginnt mit einem Gedanken. Unsere Gedanken sind das Saatgut, aus dem unser Schicksal erwächst.

Gottfried Keller hat einmal gesagt: Wer heute einen Gedanken sät, erntet morgen die Tat, übermorgen die Gewohnheit, danach den Charakter und endlich sein Schicksal.«

Das Verständnis dieses großen hermetischen Prinzips der Geistigkeit befähigt uns, die Gesetze des geistigen Universums leichter zu begreifen und sie zu unserem Wohlbefinden und Vorwärtskommen anzuwenden.

In der äußeren, materiellen Welt können sich Dinge und unsere Vorstellungen nur schrittweise entsprechend den Gesetzen der Natur realisieren. Im Geist können wir unabhängig von den Entwicklungsphasen in Raum und Zeit, uns bereits den gesamten Vorgang vorstellen. Hieraus können wir folgern, dass wir mit unseren Gedanken auf der geistigen Ebene bestimmen, was sich für uns in der Realität verwirklicht. Je konstruktiver unsere Gedanken und Worte im Sinne unserer Ziele sind, um so positiver unterstützen sie ihre Verwirklichung.

Erfolg ist das, was aus dem Saatgut unserer Gedanken und Taten erfolgt.

Zufall ist das, was mir aufgrund meiner inneren Einstellung »zufällt«.

Ebenso verhält es sich mit den Wundern, die in unserem Leben geschehen können.

Das wird gerade auch bei den folgenden Prinzipien noch klarer.

Wenn du magst, gehe kurz in dich, um folgende Fragen zu beantworten:

1. Welche Denkprogramme habe ich als Kind mitbekommen?

2. Welche Eigenschaften sind verstärkt worden?

3. Welche sind unterdrückt worden?

4. Welche Auffassungen hatten meine Eltern vom Leben? Mutter, Vater? Was habe ich übernommen?
   Ich bin gut, wenn ich ... Ich erkenne mich an, wenn ich ...

5. Wer hat meine Programmierungen, mein Denken noch beeinflusst? Wer war für mich als Kind wichtig? (Verwandte, Bekannte, Nachbarn, Geschwister)

2. Das Prinzip der Entsprechung

Das Prinzip der Entsprechung enthält die Wahrheit, dass es zwischen den Gesetzen und Erscheinungsformen der verschiedenen Ebenen des Seins und Lebens eine Entsprechung gibt. Der alte hermetische Grundsatz lautet: »Wie oben, so unten, wie unten, so oben.«

Oder anders ausgedrückt:
»Wie im Himmel (Synonym für das nicht Sichtbare), so auf Erden (Synonym für das Sichtbare).«
Wie im Kleinen, so im Großen,
wie im Inneren, so im Äußeren,
wie im Denken, so im Wahrnehmen oder Fühlen.

Die Physik entdeckte im Laufe der Erforschung des Universums und der Atome immer mehr Übereinstimmungen zwischen den Gesetzmäßigkeiten im Makro- und im Mikrobereich. Das Gesetz der Entsprechung ermöglicht uns, aus dem Wissen über Bekanntes und den entdeckten Gesetzmäßigkeiten Rückschlüsse und Folgerungen zu ziehen auf noch unbekannte Ebenen.

Goethe: »Wär nicht das Auge sonnenhaft, die Sonne könnt es nicht erblicken, wär nicht in uns des Gottes eig'ne Kraft, wie könnt uns Göttliches entzücken.«

Die Farben des Regenbogens werden den einzelnen Chakren (Energiezentren) zugeordnet, die Farben der Aura sagen uns etwas über innere Zustände im Körper, sie bilden den geistig-seelischen Bereich ab. Bevor sich im Außen etwas verändern kann, muss die Veränderung im Innen vorangehen.

Bei der bewussten Meditation, im Mentaltraining, machen wir uns das Prinzip der Entsprechung zunutze. Im entspannten Zustand können wir alte Programme verändern und neue Ziele, Bilder, Vorstellungen ins Unterbewusstsein eingeben. Was wir auf der inneren Bewusstseinsebene vorausdenken, kann dann auch in der Realität Gestalt annehmen unter den dort geltenden Gesetzen der schrittweisen Entwicklung. Ein Samen braucht Zeit zum Wachsen, und niemand würde ein gerade bestelltes Feld nach kurzer Zeit wieder umpflügen, nur weil die Aussaat immer noch nicht zu einem Kornfeld gereift ist.

3. Das Prinzip der Schwingung

Das dritte hermetische Prinzip der Schwingung besagt:
»Nichts ist in Ruhe, alles bewegt sich, alles ist in Schwingung.«

Die neueren Erkenntnisse der Naturwissenschaften scheinen diese alte Weisheit zu bekräftigen. Die Energie wird als Schwingung angesehen. Die Atome und Moleküle, die die Grundlage der materiellen Welt und selbst der festesten Stoffe bilden, sind gleichfalls im Zustand dauernder Schwingung und Bewegung.

Stoffe sind bei Zimmertemperatur fest, flüssig oder gasförmig. Diese drei Zustandsformen der Materie nennt man auch Aggregatzustände. Die Aggregatzustände sind durch Temperaturveränderungen ineinander überführbar – Temperaturveränderung bedeutet Veränderung der Schwingung der Teilchen.

Manche Schwingungen sind für unsere Sinnesorgane nicht mehr als Bewegung wahrnehmbar. Bei laufendem

Motor erscheinen die Flügel eines Propellers uns als Scheibe. Auch unser Ohr kann nur Töne in bestimmten Frequenzbereichen wahrnehmen. Langsamere oder schnellere Schwingungen, tiefere oder hellere Töne sind für das menschliche Ohr nicht aufnehmbar.

Wir sind geneigt, davon auszugehen, dass das, was wir nicht wahrnehmen können, auch nicht existent ist und dass dann, wenn wir nichts mehr hören, Stille herrscht. Der Mensch neigt dazu, nur das als Realität anzuerkennen, was er mit seinen begrenzten Wahrnehmungsmöglichkeiten erfassen kann. Alles darüber Hinausgehende wird so lange als unrealistisch betrachtet, bis uns technische Hilfsmittel einen Zugang ermöglichen.

Wir sind ständig von vielen Radio- und Fernsehsendern umgeben, können sie aber erst empfangen, wenn wir unsere Geräte darauf ausrichten.

Unsere Gehirntätigkeit ist in bestimmten Hirnfrequenzen messbar. Daher können wir nicht ausschließen, dass unser Denken und andere geistige Tätigkeiten Schwingungen auslösen, die auf einer, unserem Bewusstsein verschlossenen Ebene von anderen empfangen werden und Resonanzen auslösen. Das zeigt auch unser Sprachgebrauch. Wir kennen Sätze wie »Wir sind auf einer Wellenlänge« oder »Zwischen denen schwingt nichts«. So ist es auch denkbar, dass unser Unterbewusstsein Signale empfängt und bei seinen Schlussfolgerungen berücksichtigt, ohne dass es uns oder den sendenden Personen bewusst wird.

Die hermetische Philosophie lehrt, dass jeder Gedanke, jede Erregung und jeder geistige Zustand ihre entsprechende Schwingung haben. Durch die Beherrschung des Prinzips der Schwingungen hat der Mensch die Möglichkeit, seinen Geist auf jede beliebige Stufe zu polarisieren und einzuschwingen und damit mehr Kontrolle über seine geistigen Zustände und Schwingungen zu gewinnen. Jeder kann nur das anziehen, was seiner derzeitigen Schwingung entspricht. So, wie mein UKW-Radio keine Mittelwelle empfangen kann, so kann ein missmutiger, pessimistischer Mensch keine positiven Menschen in sein Leben ziehen. Wenn er seine Denkweise ändert, eine andere Einstellung zum Leben entwickelt, ändern sich auch seine Gefühle, und er zieht andere Menschen und Situationen in sein Leben. Daher ist es auch müßig zu sagen, »wärst du mir doch früher begegnet« oder »hätte ich das nur damals schon gewusst« – ich war eben noch nicht so weit wie heute und die Zeit war nicht reif dafür.

Auch unsere Gefühle haben bestimmte Schwingungen, wobei die positiven, aufbauenden Gefühle wie Liebe, Hoffnung, Frieden, Harmonie eine höhere Schwingung haben als Hass, Neid, Eifersucht oder Wut.

Je höher unsere Schwingungen sind, desto weniger können niedrige uns etwas anhaben, wir haben dafür dann keine Antenne. Wir schützen uns durch positive Gefühle vor negativen Einflüssen.

Entspannung und Meditation mit bewusst gewählten positiven Bildern ermöglichen es, dass wir uns auf eine höhere, hilfreiche Ebene einschwingen. Für alles, was wir anpacken, eine Arbeit, ein Gespräch, eine Verhandlung, ist die innere Einstellung wichtig, weil sie als nonverbale Botschaft bei unserem Partner ankommt.

Wenn du magst, gehe wieder kurz in dich, bevor wir zum nächsten Prinzip übergehen, und versuche, folgende Fragen zu beantworten. Sie beziehen sich auf die Prinzipien der Entsprechung und der Schwingung.

1. Was begegnet mir vorwiegend im Außen? (Freundliche, positiv eingestellte Menschen, Unterstützung? Oder Hindernisse, Widerstände, Missverständnisse, Entmutigung?)

2. Welche Menschen ziehe ich an?

3. Welche innere Einstellung bewirkt das?

4. Welche Kontakte tun mir gut, welche möchte ich verstärken?

5. Welche möchte ich zurückschrauben?

4. Das Prinzip der Polarität

Das vierte hermetische Prinzip besagt:
»Alles ist zwiefach, alles hat zwei Pole, alles hat ein Paar von Gegensätzen; gleich und ungleich ist dasselbe; Gegenstände sind identisch in der Natur, nur verschieden im Grad; Extreme berühren sich; alle Wahrheiten sind nur halbe Wahrheiten; alle Widersprüche können miteinander in Einklang gebracht werden.«

Viele Gegenstände, Eigenschaften, Fähigkeiten, Bewertungen, usw. werden uns im Leben als ein Paar von Gegensätzen bewusst, z.B. Tag – Nacht, Ebbe – Flut, hell – dunkel, kalt – warm, laut – leise, Liebe – Hass oder gut – böse. Wir sind geneigt, sie als Gegensätze aufzufassen, d.h., wir gehen davon aus, dass das eine das andere ausschließt. Wir meinen also, wenn wir für das eine sind, müssen wir uns gegen das andere entscheiden. Die führt zu einem Denken des Entweder-Oder.

Aber wo fängt die Kälte an und wo die Wärme? Beides sind nur Pole ein und derselben Sache – der Temperatur, die jeder anders empfindet. Ebenso Norden-Süden: Wenn ich weit genug nach Süden reise, begebe ich mich irgendwann wieder Richtung Norden. Was für den einen Glück bedeutet, ist für den anderen Unglück. Die Raupe stirbt, der Schmetterling wird geboren. Oft sprechen wir auch vom Glück im Unglück. Ein zunächst unglücklicher Umstand kann mein Leben von Grund auf ändern.

Bei Dingen wie Ebbe und Flut oder Einatmen und Ausatmen wird uns schnell deutlich, dass es sich nicht um zwei Gegensätze handelt, die einander ausschließen, sondern um zwei Pole, die nur gemeinsam existieren. In unserer realen Welt kann unter den Gesetzen von Raum und Zeit zur gleichen Zeit am gleichen Ort nur eines sein – wir können sie im Zusammenhang denken, aber sie können sich nur linear, hintereinander verwirklichen. Und doch gehören beide zusammen und wir können nicht auf Dauer das eine haben und das andere nicht. Dies zu akzeptieren, führt uns zum Denken des Sowohl-als-auch.

Das Kind bezeichnet vielleicht noch den Tisch als böse, wenn es sich an ihm gestoßen hat. Was hat der Tisch getan, das diese Bewertung verdient? Mit zunehmender Erkenntnis wird das Kind nicht mehr den Tisch verantwortlich machen, sondern sein eigenes Verhalten ändern. Dies sind kleine Begebenheiten, aber was im Kleinen gilt, gilt auch im Großen. Eine solche Haltung kann uns dazu führen, Gegebenheiten nicht als Schicksal zu sehen, das es böse mit uns meint, sondern als Ereignisse, auf die wir unser weiteres Verhalten einstellen müssen. Sobald wir nicht mehr mit dem Schicksal hadern und nicht in der Zukunft Dinge aus der Vergangenheit zurückgewinnen wollen, werden wir aufnahmebereit für die erfreulichen zusätzlichen Möglichkeiten, die uns die zunächst schmerzlich erscheinende Situation eröffnet.

Loslassen gibt neuen Auftrieb, schafft Platz für Neues.

5. Leben ist Rhythmus

Das fünfte hermetische Prinzip des Rhythmus sagt:

»Alles fließt aus und ein, alles hat seine Gezeiten, alle Dinge steigen und fallen, das Schwingen des Pendels zeigt sich in allem; das Maß des Schwunges nach rechts ist das Maß des Schwunges nach links; Rhythmus kompensiert.«

Die Prinzipien der Polarität und des Rhythmus verdeutlichen uns, dass es Leben ohne Rhythmus nicht gibt. Entgegengesetzte Pole gehören zusammen und sind im Rhythmus vereint. Es gibt immer eine Aktion und eine Reaktion, auf Tag folgt Nacht, auf Ebbe die Flut, Jahreszeiten verlaufen im bestimmten Rhythmus. Es muss immer einen Ausgleich zwischen Arbeit und Ruhe, zwischen Aktivität und Passivität geben. Es gibt im Leben immer wieder Tiefen und Höhen, Erfolge und Misserfolge, und es kommt darauf an, wie wir den Situationen begegnen, ob wir Fehlschläge als Hinweis auf bessere Möglichkeiten sehen oder als Katastrophe. Wenn wir den Lebensrhythmus einer Sache bejahen, dann müssen wir auch seine beiden Pole akzeptieren, aber das fällt uns nicht immer leicht und wir sind natürlich bemüht, unliebsame Ausschläge zu vermeiden.

Alles hat seine Zeit, manchmal muss man auch warten können, und wenn die Zeit dann reif ist, treten bestimmte Dinge in mein Leben. Wer sich dieses Gesetzes bewusst ist, den wirft so leicht nichts um.

Wir können die Gesetzmäßigkeiten nicht außer Kraft setzen, aber wir können eine andere Einstellung entwickeln und uns im geistigen Bereich auf eine andere Ebene einschwingen. Wir können Entspannung und Meditation dafür nutzen, um Abstand zu gewinnen, können in Stresssituationen ein wenig beiseite treten und die Situation von oben betrachten, bevor wir spontan reagieren. Gerade in Beziehungen steckt man oft in eingefahrenen Reiz-Reaktions-Mustern, die dann meist auch im selben Rhythmus ablaufen, und es ändert sich nichts, bis einer der beiden Partner unvorhergesehen reagiert und sich auf das Spiel nicht mehr einlässt.

Wenn wir den Lauf der Jahreszeiten auch nicht unterbinden können, so können wir doch den Winter vermeiden, indem wir in ein wärmeres Land fahren oder uns mit ihm arrangieren, indem wir uns warm anziehen.

Wenn du magst, dann halte auch jetzt wieder kurz inne und beantworte dir die folgenden Fragen:

1. Es gibt Zeiten der Aktivität und der Passivität, der Ruhe und der Arbeit.

2. Wie gehe ich mit meiner Kraft um?

3. Akzeptiere ich den Lebensrhythmus?

4. Wie sieht mein Arbeitsrhythmus aus?

5. Gönne ich mir die nötige Ruhe?

6. Was läuft immer im selben Rhythmus ab und nervt oder langweilt mich?

7. In welchen Bereichen habe ich extreme Auffassungen, Entweder-Oder-Denken?

8. Wo könnte ich kompromissbereiter sein?

9. Was will ich nicht wahrhaben, wogegen wehre ich mich, was will ich nicht akzeptieren, obwohl es nicht zu ändern ist?

6. Das Prinzip von Ursache und Wirkung

»Jede Ursache hat ihre Wirkung, jede Wirkung ihre Ursache; alles geschieht gesetzmäßig, Zufall ist nur ein Name für ein unbekanntes Gesetz. Es gibt viele Ebenen der Ursächlichkeit, aber nichts entgeht dem Gesetz.«

Demnach gibt es kein Handeln und auf der geistigen Ebene kein Denken ohne Wirkung; nichts geschieht ohne Ursache. Als Zufall bezeichnen wir Geschehnisse, deren Verursachung wir nicht kennen. Meist aber haben wir uns zuvor geistig auf den Weg begeben, auf dem uns dann gerade die

Menschen, Bücher oder Informationen begegnen, die wir gerade brauchen, um weiterzukommen.

Wenn wir dies akzeptieren, so gibt es keine Zufälle im landläufigen Sprachgebrauch. Schicksal und Zufälle sind dann Rückmeldungen, dass wir wesentliche Ursachen nicht erkannt haben. Wo wir sie entdeckt haben, erscheinen sie uns oft einfach und einleuchtend; wo wir noch Suchende sind, dünkt uns das Finden oftmals so unmöglich, dass wir in Zweifel geraten, den »Stein des Weisen« jemals zu finden. Und wenn wir ihn gefunden haben, kommen neue Rätsel auf uns zu, und mit einigen müssen wir wohl auch lernen zu leben.

In der heutigen Zeit haben Technik und Eingriffe in die Natur bestehende Systeme schneller und stärker verändert, und die Vorgänge sind oft so komplex, dass in Systemen gedacht werden muss – oder anders ausgedrückt: Das vernetzte Denken, also das Denken im Netz der wechselseitigen Verflechtung von Ursachen und Wirkung (z.B. die Nahrungsketten in der Natur).

Wichtiger als das ständige Suchen nach Ursachen, bei dem man dann immer wieder auf neue Ursachen kommt, ist die Zielsetzung, die wiederum die neuen Ursachen für die Wirkungen der Zukunft setzt.

Deshalb sollten wir uns Zeit nehmen, uns unserer Wünsche und Bedürfnisse bewusst zu werden.

»Alle Eiligen sollten wissen, dass die Wahl des Zieles und der Richtung wichtiger ist als die Eile, denn wer in die falsche Richtung geht, dem hilft auch galoppieren nichts.«

Wenn wir mit unserem Verhalten die Wirkungen verursacht haben, die wir wollten, dann haben wir Ursachen wirkungsvoll eingesetzt.

Fragen:
Welche glücklichen »Zufälle« sind dir bisher begegnet?

Welche innere Einstellung ist dem vorausgegangen?

Kannst du im Nachhinein sagen, was diese Wirkungen im Außen vorbereitet hat?

7. Das Prinzip des Geschlechts

Das siebte hermetische Prinzip besagt:

»Geschlecht ist in allem, alles hat männliche und weibliche Prinzipien, Geschlecht offenbart sich auf allen Ebenen.«

Man könnte auch sagen, dass dieses Prinzip eine besondere Art der Polarität darstellt.

Hier ist weit mehr gemeint als körperliche Geschlechtlichkeit. Das Prinzip vollzieht sich sowohl auf der materiellen als auch auf der geistigen Ebene. Die Atomphysik lehrt uns heute, wie aus kleinsten negativ und positiv geladenen Teilchen mit ihrer Unterschiedlichkeit einerseits und ihrer gegenseitigen Anziehungskraft andererseits durch Vereinigung die Grundbausteine entstehen, aus denen sich die Vielfalt unserer materiellen Welt immer wieder entwickelt. Aus der Philosophie kennen wir außerdem auf der Ebene des Denkens die Lehrer der Dialektik, in der aus dem Zusammenfügen von These und Antithese die Synthese entsteht.

Sonne – Mond, Yang – Yin, Verstand – Intuition, bewusst

– unbewusst, das alles sind Pole männlicher und weiblicher Formen.

Shakti Gawain drückt es so aus:

»Meiner Ansicht nach ist der weibliche Anteil unserer Persönlichkeit das intuitive Selbst. Es ist der weise Teil unseres Selbst, die weibliche Energie im Mann wie in der Frau. Durch das intuitive Selbst kann die kosmische Energie wie durch eine offene Tür hereinströmen. Es ist die Öffnung des Kanals, der Eingang für die kreative Kraft des Kosmos. Das Weibliche in uns teilt sich durch die Intuition mit – die inneren Eingebungen, Bilder oder die Gefühle aus der Magengegend, die aus dem Tiefsten unseres Inneren stammen. Wenn wir dem weiblichen Teil im Wachzustand keine bewusste Aufmerksamkeit schenken, dann versucht er, sich in unseren Träumen, Gefühlen und durch unseren Körper bemerkbar zu machen.

Der männliche Wesensanteil in unserem Inneren ist die Handlungsfähigkeit – die Fähigkeit, in der physischen Welt zu handeln, zu denken, zu sprechen, uns zu bewegen. Das Weibliche empfängt die kosmische Energie, und das Männliche bringt sie durch Handeln in der Welt zum Ausdruck. Auf diese Weise findet ein kreativer Prozess statt.

Um ein harmonisches und schöpferisches Leben zu führen, müssen sowohl die weiblichen als auch die männlichen Energien voll entwickelt werden und in der richtigen Weise zusammenarbeiten. Dabei sollte die innere Frau, die Intuition, die Führung haben, auf die der innere Mann hört und nach der er handelt.

Wenn diese beiden Energien in Harmonie miteinander zusammenwirken, entsteht ein unglaublich schönes Gefühl in einem: Man fühlt sich wie ein starker, offener kreativer Kanal, durch den Kraft, Weisheit, Frieden und Liebe fließen.«

Aus dem Buch »Leben im Licht« von Shakti Gawain

Fragen:

1. Wie steht es mit dem Gleichgewicht zwischen Verstand und Intuition?

2. Hörst du auf deine innere Stimme?

3. Auf welchen Gebieten bist du eher aktiv oder passiv?

4. Setzt du deine Ideen in die Tat um? Oder wartest du darauf, dass es ein anderer macht?

5. Kannst du warten, bis der richtige Zeitpunkt kommt, oder musst du immer sofort etwas tun?

6. Welche Bereiche sind noch unklar?

Die Spielregeln des Lebens

Die Einheit von Körper, Geist und Seele

Mein Lehrer Peter Tilmanns zeichnete in jedem Seminar wieder die folgende Schleife auf, um die Zusammenhänge zwischen Denken, Fühlen und Körpergeschehen darzustellen und zu erklären. Inzwischen ist Peter leider gestorben, aber ich habe mir vor Jahren die Erlaubnis von ihm geholt, diese Darstellung zu veröffentlichen, hier zunächst das Grundschema:

Der unendliche Kreislauf

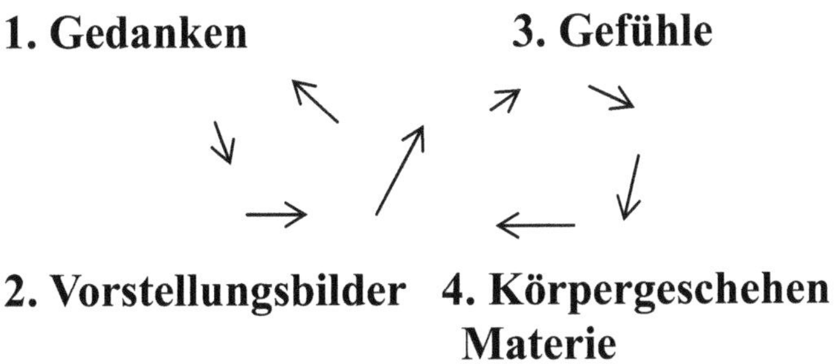

Alles beginnt mit einem Gedanken, damit sind Vorstellungsbilder verbunden, da wir nicht nur in Worten, sondern auch in Bildern denken.

Diese Worte, Sätze und Bilder sind unsere »Programme«, die im Laufe unseres Lebens entstanden sind. Daran wiederum sind Gefühle geknüpft, wie Freude, Ärger, Zorn – je nachdem, ob die Erinnerungen positiv oder negativ geprägt sind. Positive Gefühle tragen dazu bei, dass wir uns gut fühlen, sie heben unsere Energie an.

Wenn wir die negativen Gefühle nicht annehmen und bearbeiten, sondern verdrängen, können sie im Körper Prozesse auslösen, die von kleinen, zunächst kaum wahrnehmbaren Symptomen bis zu schweren Krankheiten reichen. Das gilt natürlich auch für Gedanken und Gefühle in Bezug auf private oder berufliche Lebenssituationen in der Gegenwart.

Ich möchte als erstes genauer auf den negativen Kreislauf eingehen.

Die negative Schleife – ein Gefängnis

Hilfen aus der spirituellen Welt
Intuition, Inspiration

prallen ab, kommen nicht durch, wir sind »dicht« durch:

Stress, keine Ruhe, keine Zeit

---

1. Gedanken

Negative Gedanken
Mangeldenken, alte
negative Programme

3. Gefühle

Freudlosigkeit, Angst, Wut,
Hass, Neid, verdrängte
Gefühle

2. Vorstellungen → ← **4. Körpergeschehen Materie**

negative Vorstellungsbilder,
Müdigkeit, Antriebslosigkeit,
Katastrophenbilder von
der Zukunft, Mangeldenken
von Armut, Siechtum im Alter

keine Widerstandskraft,
Krankheiten, Schmerzen
oder Misserfolge auf
mehreren Ebenen
des Lebens

Das Bild der negativen Unendlichkeitsschleife macht deutlich, wie der negative Kreislauf sich selbst ständig neue Nahrung gibt. Krankheitssymptome können das negative Denken verstärken, das zu noch dunkleren Zukunftsvisionen führt, die wiederum die Gefühle von Angst und Hoffnungslosigkeit intensivieren. Wir sind in der Schleife gefangen und sehen keinen Ausweg. Wir können auch keine Botschaften empfangen, da wir nicht offen dafür sind, der Verstand dominiert und die Intuition hat keine Chance. Wir sind so »dicht«, dass bei uns nichts hin-ein-fallen kann.

Ich möchte ein paar Beispiele dafür geben, wie wir schon auf der Gedankenebene anfangen, den Kreislauf in Gang zu setzen.

Die negative Gedanken- und Vorstellungsebene

a) Verneinende Gedanken – Verhinderung - Hoffnungslosigkeit

Alle Gedanken wie …

»das werde ich nie schaffen«,
»dazu bin ich zu alt«,
»dazu habe ich kein Talent«
»dazu fehlt mir das Geld«
»das werde ich wohl nie schaffen«

… würgen jegliche Aktivität schon gleich ab, auf Vorstellungsebene ist ein Nichts, auf Gefühlsebene Hoffnungslosigkeit und auf der Körperebene Energielosigkeit.

»Eigentlich möchte ich meinen Freund besuchen, aber wer

weiß, ob mein Auto das noch macht, nachher bleibe ich mitten auf der Landstraße liegen und keiner hilft mir - nein ich bleibe lieber zu Hause« – später kann darauf Ärger folgen, Langeweile, Frust, Einsamkeitsgefühle. »Mich besucht nie einer, ich sehe mich schon im Alter, einsam und allein.«

Ebenso wirken die »Hadergedanken«.

b) Hader-Gedanken
Auch sie lähmen uns oder schwächen unsere Energie.

»Wären wir uns doch früher schon begegnet«,
"»Hätte ich diesen Mann / diese Frau doch nie geheiratet«,
»Ich hätte die Lehre zu Ende machen sollen, jetzt ist alles zu spät«,
»Zwei Kinder wären wirklich genug gewesen«,
»Wenn ich die Kinder nicht hätte, würde ich jetzt Karriere machen können«,
»Wenn ich alleinstehend wäre, könnte ich ins Ausland gehen«

Wir haben alle die Vergangenheit, die zu uns und unserer Entwicklung passt. Unsere Vergangenheit nicht anzunehmen, heißt, einen Teil von uns abzuspalten. Sie ist nun mal nicht zu ändern und kann nur angenommen werden.

Ebenso geht es mit der Gegenwart. Mit dem zu hadern, was nicht zu ändern ist, ist Energie- und Zeitverschwendung.

Noch schlimmer aber sind die »schwarzen Gedanken«, die nicht nur verhindern, sondern uns immer weiter hinunterziehen und geradezu zerstörerisch sind, da sie schwere Krankheiten verursachen können.

c) Destruktive Gedanken

Dazu gehören alle Gedanken, die Negatives für die Zukunft voraussehen, und an die dann noch lebhafte Schreckensbilder geknüpft sind. In der Realität ist nichts passiert, ich sitze im Sessel oder sauge gerade Staub oder jäte Unkraut im Garten. Gerade Arbeiten, bei denen der Kopf frei ist, eignen sich hierfür besonders gut.

Die Katastrophen spielen sich nur im Kopf ab, können aber erhebliche Auswirkungen haben.

Dafür möchte ich zwei Beispiele geben:

Gedanke: »Brustkrebs liegt bei uns in der Familie, ich bekomme es bestimmt auch«

bildhafte Vorstellung: amputierte Brüste, Narben

Gefühle: Ängste vor der Zukunft ,»mein Mann, mein Freund wird mich dann nicht mehr lieben«

Körperebene: Beklemmungen und Herzrhythmusstörungen

Das wiederum kann die negativen Gedanken verstärken. »Mit meiner Gesundheit geht es schon jetzt bergab, mein Herz ist nicht gesund» usw.

Es kann auch folgendermaßen ablaufen:

Gedanke: »Warum meine Frau wohl nicht wiederkommt, hoffentlich ist ihr nichts passiert, sie sollte seit einer Stunde da sein«

Vorstellung: Bilder von Unfall, Krankenhaus, Tod

Gefühle: Ängste, Trauer, »Wie soll ich mit den Kindern allein klar kommen?«

Körperebene: Schweißausbrüche, Herzstiche
Die körperlichen Symptome können auch hier wiederum die negativen Gedanken verstärken.

d) Gedanken über andere
Damit meine ich alle Gedanken und auch Aussprüche, die über andere herziehen und sie irgendwie schlecht machen.

»Der muss ja Geld haben, dass er sich das Auto leisten kann«,
»Die hat wohl auch nichts Besseres zu tun, als ...«,
»Dem sollte man das Fell über die Ohren ziehen«,
»Das gönne ich dieser alten Kuh«

Die negativen Gefühle haben wir und nicht die anderen, **wir** ärgern **uns** und die anderen sitzen vielleicht gerade in der Kneipe und trinken fröhlich ihr Bier.

Gedanken sind Schwingungen – wie innen, so außen

Wir schaffen mit den Gedanken Kanäle, in denen Gleiches

zu uns zurückschwingen kann. Wir begeben uns auf die niedrige Ebene oder Frequenz, wir halten uns auf der negativen Schwingungsebene auf und wundern uns, dass die Leute nicht freundlich zu uns sind. Erst wenn wir uns im Inneren verändern, wird sich auch etwas im Außen verändern. Wenn wir unsere Gedanken anders ausrichten, eine andere Einstellung gewinnen, begegnen wir wie durch ein Wunder anderen Menschen und auch neue Türen können sich für uns öffnen.

Es gibt verschiedene Möglichkeiten, in diesen Kreislauf einzugreifen, wenn man um diese Mechanismen weiß.

Louise Hay (»Heile deinen Körper«) hat für viele Krankheiten und körperliche Symptome eine Liste der wahrscheinlichen Ursachen (Gedankenmuster) erforscht und zusammengestellt. Ihr Ansatz ist, mit Hilfe von Affirmationen die Einstellung, die Gedanken zu ändern und damit wieder Einfluss auf das Körpergeschehen zu nehmen. Unsere Gedanken und Vorstellungsbilder haben in der Tat eine Schlüsselfunktion, die wir nicht unterschätzen sollten, aber es ist nur ein Bereich, in dem wir ansetzen. Das positive Denken allein reicht nicht aus, es kann sogar gefährlich werden, wenn wir damit die Gefühle wegdenken, wegdrücken wollen. Daher weist Louise Hay in ihrem Buch »Gesundheit für Körper und Seele« auch immer wieder auf die Wichtigkeit der Selbstliebe und Selbstannahme hin.

Wenn meine Klienten nicht bereit sind, ihre Einstellungen zu verändern, kann ich ihnen auch nur bedingt helfen.

Allerdings gibt es auch hier häufig Wechselwirkungen,

denn wenn die Schmerzen verschwinden, kann auch der Kopf wieder frei werden.

Es gibt zwei Bücher, die die oben dargestellten Mechanismen humorvoll auf die Spitze treiben, und ich möchte sie an dieser Stelle empfehlen:

Das erste heißt »Jeder ist seines Unglücks Schmied« von Bruno Paul de Roeck, Burckardhausverlag

Es enthält verschiedene Rezepte, wie man sich selbst am besten unglücklich macht und wunderbare Beispiele für den negativen Kreislauf.

Das zweite trägt den Titel »Anleitung zum Unglücklichsein« von Paul Watzlawick, Piper Verlag. Es geht unter anderem besonders auf unsere Spiele mit der Vergangenheit und auf die »sich selbst erfüllenden Prophezeiungen« ein.

Die positive Schleife - Befreiung und Aufbruch

Hilfen aus der geistigen Welt, Geisthelfer, Engel, weise Ratgeber,
melden sich durch die Intuition, innere Weisheit

können uns als Empfänger erreichen, wenn wir durchlässig werden

– –

Entspannung, Meditation, Gehirn im Alpha – Zustand, Reiki

– –

1. Gedanken

Positive Gedanken, neue
Programme, Affirmationen,
pos. Begriffe,
Arbeit mit Engelkarten

3. Gefühle

annehmen, wahrnehmen,
für uns sorgen, Liebe,

Hoffnung, Freude,

2. Vorstellungsbilder

pos. Bilder und Symbole,
alte Bilder durch pos.
Zukunftsbilder ersetzen,

4. Körpergeschehen

Botschaften wahrnehmen,
Entspannung, Bewegung,
genug Schlaf, gesunde
Ernährung, Reiki

Die positive Unendlichkeitsschleife zeigt, wie wir unsere Gedanken und Vorstellungskraft zu unserem Wohl einsetzen können. Daraus ergeben sich positivere Gefühle und alles wirkt sich auch auf die Körperebene zu unserem Wohle aus.

Die negative Schleife ist ein Teufelskreis, bei der positiven Schleife unterstützen uns die Engel!

Auf den folgenden Seiten gibt es viele Anregungen und Übungen, die dich deinen Träumen näher bringen.

Positive, hoffnungsvolle Gedanken mit entsprechend zukunftsfrohen Bildern stimmen uns optimistisch und lösen Gefühle der Hoffnung und Vorfreude aus.

(Dabei unterstützen uns Affirmationen und Visualisierungen)

Das wirkt sich positiv auf unsere Gefühle aus.

Wir fühlen uns besser, blicken optimistischer in die Zukunft.

Das wirkt sich wiederum auf unsere körperliche Verfassung aus, wir fühlen uns energiegeladener und haben mehr Schwung. Eine gute körperliche Verfassung verstärkt wiederum die positive Einstellung.

Dabei ist dann auch noch der obere Teil der Darstellung zu beachten, denn wir sind ja nicht allein:

Wenn wir zur Ruhe kommen, uns entspannen und uns für unsere spirituelle, intuitive Seite öffnen, bekommen wir Antworten auf unsere Fragen in Form von Bildern, Worten oder Sätzen, denn eigentlich haben wir auch alles Wissen und alle Weisheit, die wir für unseren Weg brauchen, in uns.

Zudem können wir die Kräfte des Lichtes und der Liebe (z.B. Engel) in unser Leben einladen, aber wir müssen darum bitten, denn sie lassen uns den freien Willen. Sie freuen sich, wenn sie uns helfen können, denn es ist ihre Aufgabe.

Wir können die Engel durch Worte oder auch nur Gedanken anrufen, das sind Funksignale, die im Himmel aufgefangen und sofort »bearbeitet« werden.

Im nächsten Kapitel geht es um Affirmationen, um positive Formulierungen, die uns auf der Gedankenebene unterstützen.

2. Schritt – Jetzt geht es in die Praxis!

Zunächst ist es wichtig, einmal zu erspüren, was deine Herzenswünsche sind und die Gedankenmuster zu erforschen, die ihnen entgegenstehen.

Nimm ein Blatt Papier, benutze es als Querformat und schaffe dir drei Spalten mit den Überschriften:

Am liebsten würde ich … Warum es nicht geht … Wie es vielleicht doch möglich wäre

- ❖ Schreibe zuerst alle Herzenswünsche in die erste Spalte untereinander und dann erst die Einwände deines Verstandes daneben

- ❖ Überlege dann, ob dir für die 3. Spalte etwas einfällt

Hast du schon erste Lösungsansätze gefunden? Wandern deine Gedanken schon ein bisschen mehr in die Richtung deiner Herzenswünsche?

Unterstütze deine Wünsche mit Affirmationen!

- ❖ Suche dir aus dem folgenden Kapitel eine Affirmation, die dich in nächster Zeit in deinen Vorhaben unterstützen kann, und schreibe bis zu drei Affirmationen auf.

Affirmationen – Pflaster für die Seele

Auf der ersten Station, der Gedankenebene, können wir gut mit Affirmationen arbeiten.

Zunächst zur Bedeutung des Wortes:
Affirmation = Bejahung, Zustimmung
affirmare = behaupten, bestätigen, bekräftigen
Es sind also Sätze, die etwas bekräftigen, feststellen, behaupten.

Affirmationen sollen uns in unseren Vorhaben unterstützen und die Verwirklichung unserer Ziele vorantreiben. Daraus folgt schon die erste wichtige Bedingung:

Klarheit in der Zielsetzung

Bevor wir eine Affirmation formulieren, ist es wichtig, dass wir uns über unsere Ziele klar werden. Was will ich erreichen? Ist es wirklich mein Wunsch oder nur ein altes Programm? Will ich es meinen Eltern endlich zeigen, den Erwartungen der Gesellschaft entsprechen?

Oder ist es ein Herzenswunsch, ein Seelenbedürfnis? – Wenn dir bei dem Gedanken an dein Ziel freudig und leicht ums Herz wird, ist es ein gutes Zeichen, denn die innere weise Stimme unserer Seele spricht liebevoll zu uns und benutzt selten die Worte »du musst« oder »du sollst«.

Gefühle ernst nehmen

Ebenso wichtig ist es, auf die Gefühle zu hören, sie als Botschaften unserer Seele wahrzunehmen und sie nicht mit einer Affirmation zu unterdrücken. Wut kann uns Kraft zum Handeln und zur Veränderung geben, Trauer uns unsere Bedürftigkeit zeigen und Neid kann ein Zeichen dafür sein, dass wir uns selbst etwas vorenthalten, nicht gönnen. Verändern können wir nur etwas, indem wir für uns die Verantwortung übernehmen und aus den Projektionen (anderen die »Schuld« zuschieben) herauskommen.

Wichtig ist die Beschäftigung mit dem »Inneren Kind«.

Formulierung von Affirmationen

Affirmationen werden so formuliert, als wenn das Gewünschte jetzt schon wahr ist. Wir erschaffen auf der geistigen Ebene das Bild von dem Zustand, den wir erreichen wollen, vermeiden also Verneinungen.

Z.B.: Wir sagen nicht »Ich rege mich nicht mehr auf«, sondern »Ich bleibe ruhig und gelassen«.

Bei Süchten: »Zigaretten (Alkohol, usw.) gleichgültig« oder »Ich bin frei von ...«

Das Ziel kann im geistigen, seelischen oder materiellen Bereich liegen.

Mit Hilfe von Affirmationen können wir allmählich das negative Denken durch positivere Ideen und Gedanken ersetzen. Diese wirkungsvolle Technik kann innerhalb kurzer Zeit unsere Einstellungen und Erwartungen dem Leben gegenüber völlig umwandeln und damit von Grund auf verändern. Dabei geht es immer nur um unsere eigene Veränderung und nicht darum, das Verhalten anderer zu beeinflussen. Das geschieht schon von ganz alleine, wenn wir uns verändern.

Affirmationen zur Selbstliebe, Steigerung des Selbstwertgefühls

Wir kennen alle den Spruch: »Du sollst deinen Nächsten lieben wie dich selbst.«

Die Erfahrung hat gezeigt, dass Menschen, die ein gesundes Selbstwertgefühl haben, im Leben besser zurechtkommen. Die Umwelt ist wie ein Spiegel, sie reagiert auf die inneren Zustände. Das sind die geistigen Gesetze der Entsprechung, Resonanz und der Schwingung.

Wenn ich mich im Inneren verändere, reagiert die Umwelt anders. Die anderen werden sich nicht von selbst verändern, ich muss immer bei mir anfangen. Dann ändert sich meine Ausstrahlung und ich ziehe andere Menschen oder Situationen in mein Leben.

Beispiele:

Die Sätze können so übernommen oder abgewandelt werden, auf jeden Fall solltest du prüfen, ob sie sich gut und richtig anfühlen. Mit der Zeit wirst du dann zu deiner eigenen Ausdrucksweise finden.

»Von Tag zu Tag lerne ich, immer besser für mich zu sorgen.«
»Ich liebe und akzeptiere mich so, wie ich bin.«
»Ich bin die Meisterin/der Meister meines Lebens.«
»Von Tag zu Tag gelingt es mir immer besser, mein Leben in die Hand zu nehmen.«
»Ich lerne, meine Bedürfnisse wahrzunehmen und für mich zu sorgen.«

»Ich nehme mich voll und ganz an, hier und jetzt.«
»Ich nehme alle meine Gefühle an und lerne von Tag zu Tag immer mehr, die Botschaften meiner Seele zu hören.«
»Ich sorge für mein inneres Kind wie eine gute Mutter/ein guter Vater).«
»Ich suche die Gemeinschaft von Menschen, die mich unterstützen.«
»Ich lerne von Tag zu Tag immer mehr, auf meine innere Stimme zu hören.«
»Ich danke für alles, was ich besitze und nutzen darf.«
»Ich habe viele Fähigkeiten und erkenne sie an.«

Andere Beispiele für Affirmationen

Beziehungen
»Ich bin jetzt bereit, eine glückliche, erfüllende Beziehung einzugehen.«
»Ich liebe und akzeptiere mich so, wie ich bin. Je mehr ich mich selbst liebe, desto liebenswerter werde ich für andere.«

Gesundheit
»Ich liebe meinen Körper und nehme ihn voll und ganz an.«
»Ich habe viel Energie und bin voller Lebenslust.«
»Meine Gesundheit wird von Tag zu Tag besser und besser.«
»Ich bin gut zu meinem Körper und mein Körper ist gut zu mir.«

Vergangenheit
»Ich lasse nun meine Vergangenheit los, sie ist vorbei und

ich bin frei.«
»Ich vergebe allen Menschen, die ich kenne, und gebe sie frei.«
»Ich löse nun alle negativen einschränkenden Glaubenssätze auf und bin frei.«
»Ich lasse nun alle angesammelte Schuld (Missgunst, allen Hass, alle Ängste, Enttäuschungen) los. Ich bin frei und klar.«

Göttliche Liebe und Führung
»Göttliche Liebe führt mich und ebnet mir den Weg.«
»Ich vertraue auf die ordnende und heilende Wirkung des Lichtes und der Liebe Gottes auf allen Ebenen meines Seins.«
»Das Licht in mir lässt in meinem Leben hier und jetzt Wunder geschehen.«
»Von Tag zu Tag lerne ich immer besser, auf meine innere Stimme zu hören.«

Wohlstand
»Alles, was ich brauche, ist schon in mir.-«
»Ich genieße mein Hier und Jetzt und alles, was ich brauche, ist schon da.«
»Das Universum ist reich und es ist genug für uns alle da.«
»Ich danke für alles, was ich besitze und nutzen darf. Ich gebe alles, was ich nicht mehr brauche, weiter und schaffe so Raum für Neues.«

Zukunft
»Alles kommt zu mir, zur richtigen Zeit, in der richtigen Form, in der richtigen Reihenfolge.«

»Ich richte meine Gedanken auf meine Ziele aus.«
»Wenn ich handeln kann, handle ich, sonst warte ich gelassen ab.«

Heute
»Heute bin ich dankbar für alles, was ich besitze und nutzen darf.«
»Ich lebe im Hier und Jetzt, ich nehme mich und meine Umgebung bewusst wahr.«

❖ Anwendung von Affirmationen

Suche dir eine Affirmation, die für dein Ziel passend ist, und formuliere sie so, dass du dich gut dabei fühlst. Schreibe sie auf ein Plakat und hänge sie an einem Ort auf, an dem du dich oft aufhältst.

Solltest du in deiner Umgebung nur Spott oder Gelächter ernten, dann lege sie ins Portemonnaie, in die Handtasche oder in die Schreibtischschublade.

Wiederhole die wichtigste Affirmation oft in Gedanken.

Am wirksamsten ist das gleich morgens nach dem Aufwachen und abends vor dem Schlafengehen, da unser Gehirn dann meist im Alpha-Zustand, und unser Unterbewusstsein besonders aufnahmefähig ist.

Mit den Affirmationen wollen wir ja das alte Denken ersetzen. Das ist wie neue Samen einpflanzen. Die Saat muss Zeit zum Keimen haben, aufgehen, bis sie Früchte tragen kann – also werde nicht ungeduldig! Die alten Programme sind wie eingetretene Pfade im Urwald und nun nehmen wir ein Buschmesser und schaffen uns neue Wege, das braucht Zeit und Geduld.

Die Affirmationen haben den Sinn, uns zu erinnern, wo wir hinwollen, machen uns bewusster und hellhöriger. Wir ändern vielleicht noch nicht gleich unser Verhalten, aber wir nehmen es wahr, wenn wir wieder in eine Falle getappt sind, und erkennen sie immer rechtzeitiger.

Beschränke dich auf eine bis drei Affirmationen, das ist wirksamer.

Eine Affirmation solltest du nicht länger als 21 Tage wiederholen. Mache dann erst mal 7 Tage Pause. Meist ist schon vorher etwas passiert, wenn nicht, musst du zwischendurch das Thema einfach mal loslassen.

Affirmationen sind wie Pflaster oder Salbe

Affirmationen sind keine Allheilmittel, sie zeigen aber dem Unbewussten die Richtung. Sie sind wie Pflaster oder Salbe auf einer Wunde, sie schützen und unterstützen den Heilvorgang. Wirkliche Heilung oder Veränderung aber kommt von innen. Wir erneuern ständig das Pflaster, wenn der gewünschte Zustand eingetreten ist, dann brauchen wir es nicht mehr und können uns das nächste Ziel vornehmen.

Seele ist Chef – Verstand Diener

So hat es eine frühere Lehrerin formuliert: Auf die innere Stimme, den intuitiven, weiblichen Teil hören und dann den Verstand und den handelnden männlichen Teil einsetzen und die Wünsche im Alltag umsetzen.

Das ist ein Entwicklungs- und Wachstumsprozess, habe also Geduld mit dir!

Du kannst jeden Tag wieder neu anfangen!

Negative Gedanken in positive umformen

Sicher nimmst du deine Gedanken inzwischen schon viel bewusster wahr.

Ein weiterer Schritt besteht darin, negative Gedanken umzuformen und dem Verstand eine andere Richtung zu zeigen.

Beispiele:

1. Wenn ich diesen Tag nur wieder überstanden habe.
Ich mache das beste aus diesem Tag.

2. Niemand kümmert sich um mich.
Heute rufe ich eine Freundin, einen Freund an und schau, wie es ihr/ihm geht.
Von heute an pflege ich meine Kontakte, lade mir Freunde ein ...

3.Immer bekomme ich alles aufgedrückt.
Ich lerne von Tag zu Tag immer besser, mich zu behaupten und auch mal nein zu sagen.

4. In die USA werde ich in diesem Leben wohl nicht reisen können, dafür fehlt mir das Geld.
Ich bewahre mir meinen Traum von der Reise, lese Bücher darüber, schaue mir Filme an, wer weiß, was noch kommt!

3. Schritt – Noch ein wenig Theorie

Während du mit den Affirmationen arbeitest, möchte ich zur weiteren Erläuterung noch ein bisschen Theorie liefern.

Die mentale Ebene - Gehirn - Denken - Programme

Die zitierten Sätze habe ich einmal in einem Seminar mitgeschrieben, weiß aber nicht mehr, von wem sie stammen:

»Unser Gehirn ist der einzige Allzweckcomputer, der mit Glukose betrieben wird – ohne Bedienungsanleitung geliefert und von ungelernten Arbeitskräften bedient wird. Es ist vergleichbar einer symphonischen Orchesterkomposition, in der aber die Musiker eine gewisse Bewegungsfreiheit haben, sodass sie nicht nur dem Dirigenten folgen, sondern sich auch Improvisationen hingeben.«

»In einem gut funktionierendem System wird die Richtung der Impulse nicht nur von der Hardware, dem Aufbau des mentalen oder elektronischen Apparates, kontrolliert, sondern auch von der Software, also den Instruktionen oder Programmen, die seine Leistungen lenken und regulieren.«

Wir sollten eigentlich alle Dirigenten sein, überlassen es aber oft unserem Gehirn, wilde Kompositionen zu liefern, statt lenkend einzugreifen. Gerade Arbeiten, bei denen das Gehirn nichts zu tun hat, verleiten dazu, wahre Operntragödien ablaufen zu lassen. Wir denken uns in die wüstesten Szenarien hinein und fühlen dabei, als wäre alles in dem Moment Wirklichkeit.

Jeder hat seine Sicht von der Welt

Aufgrund verschiedener Programme hat jeder Mensch seine eigene Sicht von der Welt, es gibt keine objektive Sichtweise. Kommt z.B. jemand in eine neue Stadt, sieht er sie mit den Augen an, die seiner Lebenswirklichkeit entsprechen.

Eltern – Kindergarten, Schule, Einkauf

Oma – Park, Bänke zum Ausruhen

Kinder – Spielplätze, Kletterbäume

Autofahrer – Parkplätze, Arbeitsweg, usw.

Wir haben unsere Theorie von der Welt durch unsere bisherigen Erfahrungen mit uns selbst und anderen – diese Erfahrungen wollen wir bestätigt sehen und berücksichtigen Aspekte, die nicht dazu passen, zu wenig. Es ist eine gute Übung, seine Sichtweise zu variieren.

Alte Programme sind wie Trampelpfade durch einen dichten Wald, man geht sie immer wieder, da es mühseliger ist, neue zu machen. So ist es auch mit neuen Programmen.

Das positive Denken zum Beispiel wird nicht von heute auf morgen funktionieren, neue Pfade müssen durchs Dickicht getreten werden, manch Hindernis muss dabei beiseite geschafft werden, aber irgendwann sind sie zur Gewohnheit geworden und die alten werden überwuchert.

Unser Denken hat großen Einfluss auf unser Seelenleben, denn Gedanken erzeugen Gefühle, Gedanken von Neid, Hass, Verachtung lösen keine positiven Gefühle bei uns aus. Positives Denken färbt die seelischen Inhalte positiv, positive Gedanken haben Einfluss auf Absichten, Erwartungen, Hoffnungen, Stimmungen, sie erleichtern uns, Absichten und Ziele zu erreichen und ein erfülltes glücklicheres Leben zu führen.

Entspannen und Umschalten

Wir denken etwa 50.000 Gedanken pro Tag, daher ist es nicht gleichgültig, was wir denken – im wahrsten Sinne des Wortes aber doch gleich-gültig, denn der Speicher unterscheidet nicht, ob ein Gedanke uns schadet oder nicht.

Gedanken sind elektrische Impulse, die Frequenz liegt zwischen 8 und 18 Schwingungen pro Sekunde, sind messbar mit einem EEG.

Es gibt verschiedene Bewusstseinsstufen zwischen Tagesbewusstsein und Traumzustand (siehe Tabelle).

Wollen wir Programme eingeben oder verändern, ist es am wirksamsten, sich erst einmal in einen entspannten Zustand zu versetzen, dann ist unser Gehirn dafür aufnahmefähiger (Alpha-Zustand).

Eine Reiki- Behandlung kann uns eine tiefe Entspannung bringen, ebenso autogenes Training oder Formen der Meditation.

Gehirnwellen

Name	Frequenz	Merkmale
Delta	0,5 - 4,0	Tiefschlaf
Theta	5,7 - 7,0	Halbschlaf

Alpha	8,0 - 14	entspannte Aufmerksamkeit bei geschl. Augen, aufnahmebereit
Beta	15 - 20	aufmerksam. konzentriert, ängstlich, besorgt
Hohes Beta	23 - 35	Stress, sehr hohe Gehirnaktivität

Die Macht der Gedanken

Alles, was wir schaffen, entsteht erst im Geiste, in Gedanken. unsere Gedanken haben daher eine Macht, die wir kennen sollten.

Z.B. Idee – Plan – Haus
Vorstellung des Malers – Bild
Idee – Geschichte, Roman

Alles entsteht zuerst als gedankliche Vorstellung und nimmt dann allmählich Gestalt an. So ist es auch mit unserem Leben, wir gestalten es nach unserem Denken, wir entwerfen unseren Lebensplan.

Wenn wir nie einen entwerfen, uns nicht einmal im Geiste vorstellen, wie unser Leben aussehen soll, kann es sich auch nicht so verwirklichen, wie wir es möchten. Wir lassen uns mitreißen, beeinflussen, leben mehr nach den Vorstellungen anderer als nach unseren eigenen.

Nicht nur planvolle Gedanken haben das Bestreben, sich zu verwirklichen, sondern auch negative Programmierungen, die uns zum Teil gar nicht bewusst sind.

»Mit 40 geht's bergab«, »Komm man erst mal in die

Wechseljahre«, »Ich hab nun mal zwei linke Hände«, usw.

Wir hören es immer wieder und es gehört zu unserem Programm, ohne dass wir es merken. Wir verhalten uns nach den Gedankenmustern aus der Kindheit, die wir oft gehört haben.

»Frauen verstehen nichts von der Technik«, »Er wird ganz wie sein Vater«, »Er ist nun mal ein kleiner Tollpatsch«, usw. – Programmierungen, die uns nicht bewusst sind, die aber immer noch wirken.

Gedanken gehen als Vorstellungsbilder ins Unterbewusstsein ein und wollen sich verwirklichen. Sie werden mit Energie aufgeladen und ziehen Ereignisse und Personen aus der Umgebung an wie ein Magnet.

Dazu Shakti Gawain in »Stell dir vor«, S. 22:

»Energie ist magnetisch

Ein Gesetz der Energie ist folgendes: Energie einer bestimmten Qualität oder Schwingung hat die Neigung, Energie einer ähnlichen Qualität und Schwingung anzuziehen. Gedanken und Gefühle haben ihre eigene magnetische Energie – diese zieht ähnliche Energie an. Wir können zum Beispiel die Wirksamkeit dieses Prinzips erkennen, wenn wir »zufällig« jemandem begegnen, an den wir gerade gedacht haben oder »rein zufällig« ein Buch in die Hand bekommen, das genau die Information enthält, die wir in diesem Moment benötigen.«

Dabei sind Gedanken, die häufig gedacht werden, stärker einprogrammiert, ebenfalls Gedanken, die mit viel Gefühl verbunden sind. Unser Unterbewusstsein filtert nicht, es kennt nicht »Gut« oder »Böse«, es kennt auch kein »nicht«, denn es arbeitet nur mit Bildern. »Ich will nicht so werden wie ...«, mit klarem Bild oft vorgestellt, verwirklicht sich, und wir wundern uns darüber, haben wir uns doch immer wieder fest vorgenommen, nicht so zu werden.

So wie aus der Idee der Plan, das Haus wird, wird aus dem Gedankenmuster unser Leben gestrickt. Deshalb kommt unserem Denken so große Bedeutung zu. Positive Gedanken bringen positive Ergebnisse, negative Gedanken, auch über andere, das Gegenteil.

Unser Unterbewusstsein unterscheidet nicht, ob die Gedanken uns selbst gelten oder anderen. Wenn ich negativ über andere denke, habe ich die negativen Gefühle und nicht die anderen.

Mit den Gedanken, die ich aussende, schaffe ich Kanäle, durch die Ähnliches zu mir zurückkommen kann, daher können wir uns keinen besseren Dienst leisten, als anderen alles Gute zu wünschen.

Dazu sagt Shakti Gawain: »Das Gesetz der Ausstrahlung und Anziehung.

Dies ist der Grundsatz, dass alles, was du auch in das Universum hinaus gibst, auf dich zurückkommen wird; was du säst, wirst du ernten.

In der Praxis bedeutet das Folgendes: Wir ziehen immer dasjenige im Leben an, worüber wir am meisten nachdenken, woran wir am stärksten glauben, was wir ganz tief in uns erwarten und/oder was wir uns am lebhaftesten vorstellen.

Wenn wir negativ und unsicher, furchtsam und ängstlich sind, werden wir dazu neigen, gerade jene Erfahrungen, Situationen oder Menschen anzuziehen, die wir zu vermeiden suchen. Wenn wir eine von Grund auf positive Einstellung haben, wenn wir Freude, Befriedigung und Glückseligkeit erwarten und uns diese Seelenzustände vorstellen, dann werden wir Menschen, Situationen und Ereignisse anziehen oder so gestalten, dass sie mit unseren positiven Erwartungen übereinstimmen. Je mehr positive Energie wir aufbringen, uns das vorzustellen, was wir wollen, desto mehr fängt es an, sich in unserem Leben zu manifestieren.«

Einfluss nehmen kann ich immer nur, indem ich die Gedanken auf das richte, was ich erreichen will.

Positives Denken

- ist immer ein Möglichkeitsdenken

- bedeutet vom Problemdenken zum Lösungsdenken zu kommen

- findet immer Lösungen, die für alle Beteiligten positiv sind

- bedeutet, Verantwortung für unser Leben im Denken und Handeln zu übernehmen

- selbst gesteuertes Handeln

- Positive Sprache und offene Kommunikation

- sich klare Ziele setzen

- zur rechten Zeit handeln

- an den Erfolg glauben

Positives Denken bedeutet also nicht, alles durch die rosarote Brille zu sehen. Es sollte auch nicht dazu führen, seine Gefühle beiseitezuschieben und zu ignorieren. Es bedeutet, erst einmal alles anzunehmen, was mir begegnet, um es dann zu gestalten, statt gegen etwas anzukämpfen, was nicht zu ändern ist.

Wichtige Elemente des positiven Denkens

Positive Sprache

Genauso wichtig wie die Gedanken sind unsere Worte, besonders in der Erziehung. Ob ich sage, »du schaffst das schon« oder »wenn das man gut geht«, macht einen großen Unterschied, achten wir auf unsere Worte, die wir unseren Kindern gegenüber gebrauchen. Schwächen, die immer wieder von Eltern benannt werden, verfestigen sich: »Er ist nun mal ein kleiner Tollpatsch«, »Die Rechtschreibung wirst du wohl nie lernen«, »Die Unordnung hat er von seinem Vater«, die Reihe ließe sich beliebig fortsetzen.

Achten wir auf unsere Worte und formen sie um, damit sie anderen zum Segen und nicht zum Schaden sind.

Verantwortung für unser Leben

Da unsere Gedanken und Einstellungen unser Leben gestalten, sind wir wirklich »Unseres Glückes Schmied« und sind auch für unser Leben verantwortlich. Wir sollten aufhören, nach irgendwelchen Schuldigen zu suchen, lieber alte Programme aufspüren und umwandeln. Alles, was mir passiert, hat mit mir zu tun, alles, was mich trifft, betrifft mich. Unsere Umwelt, unsere Lebensumstände, die Menschen, mit denen wir hauptsächlich umgehen, sind wie ein Spiegel unserer inneren Zustände.

Offene Kommunikation

Wir sollten uns nicht verstellen, sondern offen unsere Gefühle und Gedanken zum Ausdruck bringen.
- Es nicht immer anderen recht machen wollen
- In Ich-Botschaften sprechen
- Keine falsche Rücksichtnahme

Klare Ziele

Wir sollten uns Zeit genug nehmen, uns über unsere Ziele klar zu werden, klare Ziele führen zu klaren Ergebnissen. (Genaueres über Zielfindung, -formulierung und -verwirklichung folgt später)

»Alle Eiligen sollten wissen, dass die Wahl des Zieles und der Richtung wichtiger ist als die Eile, denn wer in die falsche Richtung geht, dem hilft auch galoppieren nicht.«

Handeln

Wenn wir das Ziel kennen, sollten wir auch handeln, erste Schritte tun. Zweifel beseitigen durch einfaches Handeln. Wir müssen Erfahrungen machen, um weiterzukommen, das geht nicht ohne Schwierigkeiten und Prüfsteine, wobei oft vor dem Erreichen des Zieles noch ein Tiefpunkt kommt (die kälteste Stunde ist vor dem Sonnenaufgang).p
Leben ist Rhythmus, das Gesetz gilt auch für den Positivdenker, aber er kann besser damit umgehen.

Linke Gehirnhälfte	**Rechte Gehirnhälfte**
Begriffliches Denken	Bildliches Denken
Buchstaben, Zahlen	Bilder
erfasst Einzelheiten, eins nach dem anderen, bemerkt oft nur einen Teil des Ganzen	speichert die komplexe Situationen (Geräusch, Geruch, Farbe)
logisches Denken, Ursache und Wirkung	sieht Entsprechungen und Ähnlichkeiten
verknüpft Wörter nach grammatischen Regeln	verbindet Wörter mit bestimmten Gefühlen
redet, redet, redet	ist stumm, benutzt Bilder
zergliedert die Welt in überschaubare Ausschnitte und Einzelteile	verbindet die Welt zu einem Gefüge, ganzheitliche Betrachtung

Verstand	Intuition
vom Willen gelenkt	unbewusstes Selbst
Bewusstsein	Unterbewusstsein
Ego	innere Stimme, Führung höhere geistige Kräfte

Die Reiki- Hand - Positionen am Kopf verbinden die rechte und linke Gehirnhälfte

Verstand und Intuition

In unserem Kulturkreis ist die linke Gehirnhälfte dominierend, wir sind alle »kopflastig«. Unsere Wissenschaft will alles bis in alle Einzelheiten zerlegen, erforschen, das hat uns zwar einige Erleichterungen gebracht, uns aber vom ganzheitlichen Sehen entfernt.

Der Verstand steht uns oft im Wege, er zweifelt, lehnt ab, hat Scheu vor Neuem, ist misstrauisch und ängstlich.

Der Verstand ist wie ein Schlüsselloch, durch das wir nur einen Teil des Planes der Schöpfung übersehen können. Der Verstand ist dazu da, die äußeren Dinge zu erledigen, er hat nicht die Gefühle, Sehnsüchte oder Wünsche zu verwalten.

Wir müssen wieder lernen, unserer Intuition zu folgen, die Logik mehr fallen lassen und uns unseren inneren Führung überantworten.

E. Freitag spricht von »Arterienverkalkung der Seele« –

die innere Stimme ist von gedanklichen Vorstellungen verdeckt.

Die innere Stimme »weiß« einfach, sie benutzt nicht die Wörter »du musst«, »du sollst«, sie ermutigt, ist ein liebevoller Ratgeber, der über allen Programmen steht. Sie ist ein inneres Wissen aus dem »Bauch heraus«, die keine Begründung liefert, eine innere Gewissheit.

»Es ist wichtig zu wissen, dass Ihre höhere Kraft, die sich Ihnen durch Ihre Intuition mitteilt, nie auf schroffe, verurteilende oder tyrannische Art zu Ihnen spricht. Sie ist immer ermutigend und aufbauend und vermittelt Ihnen ein Gefühl der Lebendigkeit, Kraft und Heiterkeit, oder sie spendet Ihnen Trost. Wenn Sie sich von ihr führen lassen, führt das nicht zu Druck, Anspannung oder Selbstzweifeln, sondern zu mehr Bewusstheit und Energie.«

Shakti Gawain, »Das Leben-Im-Licht-Programm«

Wir haben alle einen göttlichen Kern in uns, eine Kraft, die nicht Materie ist, ob wir sie das Lebensprinzip, universale Lebensenergie, göttliches Prinzip nennen, oder wie auch immer, viele haben Schwierigkeiten mit dem Wort Gott, manche sagen auch das hohe Selbst – eine innere Weisheit, zu der wir wieder Kontakt bekommen sollten, und der der Verstand dienen sollte.

Diese Kraft spricht oft durch die innere Stimme zu uns, hat es aber zuweilen schwer durchzukommen. Alte Denkmuster, Programme verschiedenster Art verhindern es oft. Daher ist einer der ersten Schritte, diesen auf die Spur zu kommen, sie zu entlarven und durch neue Denkmuster zu ersetzen.

Wir haben beim ersten Punkt der Schleife begonnen, verknüpft damit sind – ihr erinnert euch – Bilder, die im Unterbewusstsein gespeichert sind.

Gebt eurem Unterbewusstsein neben der Affirmation positive Bilder, entwickelt Visionen, positive Zukunftsbilder und stellt sie euch immer wieder vor!

Bittet das Universum, Gott, Christus, die Engel – was euch am meisten zusagt – um Unterstützung!

Meditiere, so oft du Zeit hast. Erst wenn der Verstand zur Ruhe kommt, kann die innere Stimme zu uns sprechen und durch sie können wir die Botschaften aus den höheren göttlichen Welten empfangen.

Wie zeigt sich die Intuition?

- In Form von Worten, Bildern, Sätzen
- Als Eingebung, plötzliche Idee
- Als grobes Muster, das noch nicht in allen Einzelheiten klar ist, als leises Unbehagen, das man noch nicht richtig definieren kann
- Eine Idee zeigt sich immer wieder, drängt, lässt nicht nach
- Fingerzeige auf günstige Gelegenheiten

Was die Intuition fördert:

- Pausen machen
- Nicht-Anstrengung
- Geschehen lassen
- Schlaf, Träume
- Fantasiereisen
- Körperliche Entspannung
- Meditationen
- Abschalten, etwas ganz anderes tun
- Vertrauen, Glaube

Auf Empfang schalten

Das passiert, wenn wir der Intuition die Richtung zeigen, unsere Ziele genau formulieren, möglichst präzise, aber nicht einengend.

Wir sollten offen für die beste Möglichkeit sein und unsere Ziele immer wieder überprüfen, und dabei auf Zeichen achten, denn der Weg wird uns gezeigt.

Was die Intuition hemmt

Der eigentliche Feind unserer Intuition ist natürlich der ständig kritische Verstand.

Das sind vor allem sein Misstrauen und ständiges Zweifeln.

Auch negative Gedankenmuster, wie z.B. »Ich kann das Problem nicht lösen«, »Darauf werde ich nie eine Antwort finden« sind ein Signal an den intuitiven Geist, sich da herauszuhalten.

Stattdessen sollten wir immer davon ausgehen, dass jedes Problem die Lösung schon in sich trägt, und nur die beste aller Lösungen erwarten. Zweifel sind normal, wir können sie zur Kenntnis nehmen und dann wegschicken.

Mit dem Verstand reden:

»Hallo Verstand, es ist klar, dass du Zweifel hast, du hast damit keine Erfahrung in der Vergangenheit gemacht, das ist neu für dich, aber du wirst schon sehen, alles entwickelt sich zum Besten.«

»Ach lieber Verstand, schön, dass es dich gibt, aber davon verstehst du nun mal nichts. Hilf mir lieber, zum Ziel zu kommen.«

❖ Grundmeditation

Nimm eine aufrechte und bequeme Sitzhaltung ein, die Füße stehen parallel auf dem Boden.

Schließe die Augen und atme ein paar mal tief ein und aus.

Nimm deinen Körper ganz bewusst wahr. Lass den Kiefer locker, die Zunge gelockert und gelöst, die Zähne beißen nicht aufeinander.

Atme tief und ruhig, während du in Gedanken langsam durch deinen Körper wanderst, von der Kopfhaut bis zu den Fußspitzen.

Gehe nun mit der Aufmerksamkeit zu deinen Füßen, nimm ganz bewusst den Kontakt der Füße mit der Erde wahr ...

Stelle dir nun vor, dass Wurzeln von den Fußsohlen in die Erde wachsen und sich verzweigen, wie bei einem großen, kräftigen Baum ...

Lass auch vom Wurzelchakra aus, als Verlängerung der Wirbelsäule eine dicke Wurzel in die Erde wachsen, die sich ebenfalls verzweigt...

Atme die Kraft der Erde ein, ziehe die Erdenergie beim Einatmen durch die Füße in deinen Bauchraum hinein. Sie kann auch zur Stärkung des Rückens an der Wirbelsäule hochsteigen.

Stell dir nun Licht über deinem Kronenchakra vor, eine Sonne oder Lichtdusche, eine Dusche, aus der statt Wasser helles, weißes, gelbes oder goldenes Licht kommt. Nimm das Bild, das für dich richtig ist ...

Beim nächsten Einatmen stell dir vor, wie du das Licht tief in deinen Körper hineinziehst und es beim Ausatmen durch das Wurzelchakra zur Erde schickst.
So wird der mittlere Lichtkanal mehr und mehr gereinigt.

Stell dir vor, wie das Licht alles mitnimmt, was an Blockaden und alten Mustern vorhanden ist – so gut es eben heute geht ... es wird im Inneren der Erde verbrannt oder in Licht umgewandelt.

Bitte nun die licht- und liebevolle geistige Welt um eine Antwort auf deine gegenwärtige Frage.

Wenn du vorher Engelkarten ausgelegt hast, ziehe nach der Meditation noch eine Karte.

Schreibe die Botschaften auf.

Schaue, ob du handeln kannst. Wenn nicht, bitte um weitere Hinweise und Führung.

4. Schritt – Die gegenwärtige Situation annehmen

Um etwas zu verändern, müssen wir den Ausgangspunkt kennen, das heißt, unsere gegenwärtige Situation möglichst realistisch sehen. Gegen etwas zu kämpfen, was nicht zu ändern ist, bringt nichts und kostet nur unnötige Energie.

Mit der Vergangenheit zu hadern, führt auch zu nichts, denn ich kann sie nicht mehr ändern, außerdem hat sie mich zu dem gemacht, was ich heute bin. Auch wenn ich mit mir nicht zufrieden bin, sollte ich nicht ständig nach Fehlern in der Vergangenheit suchen.

»Alles ist gut so, wie es ist«, das bedeutet: Ich nehme meine Situation an, wie sie ist. Das ist mein Ausgangspunkt für Veränderungen. Es heißt nicht, Zustände zu akzeptieren, die uns nerven, die wir verändern möchten.

Es heißt vielmehr, zu einer Haltung, der Annahme dessen zu kommen, was jetzt meine Gegenwart ausmacht. Das heißt auch, die volle Verantwortung für die Situation zu übernehmen und nicht Schuldige im Außen zu suchen. Wenn wir nach außen projizieren, die Schuld der Mutter, dem Vater, Freunden, Lehrern, dem Mann oder den Kindern geben, weisen wir alle Verantwortung von uns. Was ist die Folge? Wir sind der Opferhaltung – wir sind das arme Opfer, die anderen die Täter – was bringt uns das? Nichts! Alles bleibt beim Alten, die Folge ist Stillstand, Leiden, Unzufriedenheit, Wut oder allgemein Energielosigkeit.

Das, was jetzt ist, wie es ist, passt zu deiner Struktur, wie und wann sie auch immer entstanden ist. Du hast Entscheidungen getroffen, die du vielleicht heute bereust, aber damals war es eben richtig, bzw. dir stand aufgrund deiner

Struktur oder der äußeren Gegebenheiten keine andere Reaktion zur Verfügung.

Das ist der Ausgangspunkt für zukünftige Veränderungen, wenn denn welche anstehen.

In dem Kapitel über die Kraft der Gedanken und positiven Worte habe ich einiges über die Anwendung und Wirkung von Affirmationen geschrieben. Das sind positive Sätze, die uns auf dem Weg begleiten und die Gedanken neu ausrichten auf unsere Ziele hin.

❖ Nimm ein Blatt Papier und schreibe auf:

- der Platz, an dem ich stehe (Verantwortlichkeiten, Pflichten, die zu erfüllen sind)
- Arbeiten, die ich gern mache
- Arbeiten, die nerven oder sehr belasten
- Kann ich etwas delegieren?
- Wer kann mich unterstützen?
- Kann ich eine andere Einstellung entwickeln, zu Tätigkeiten, die nicht zu ändern sind?
- Freiräume – gibt es sie überhaupt? Habe ich genug Zeit für mich?
- Wie kann ich mir mehr Freizeit/Freiräume schaffen?

Im Hier und Jetzt leben

Die Vergangenheit ist vorbei, die Zukunft ungewiss, alles, was wirklich existiert, ist dieser Moment, alles andere spielt sich nur in meinem Kopf ab. Jeden Augenblick, jede Stunde, in der wir im Sessel sitzen und vor unserem inneren Auge Katastrophen ablaufen lassen, haben wir nicht wirklich gelebt.

Um sich der Gegenwart mehr bewusst zu werden, kann man sich einmal 5 oder 10 Minuten Zeit nehmen und alles ganz bewusst registrieren, was gerade im Zimmer oder vor dem Fenster passiert. Das Rotkehlchen, das gerade im Baum sitzt, die Geräusche der Straße, die Farbe des Himmels, usw.

Gerade in Situationen, in denen man Probleme hat, neigt man dazu, immer wieder über Dinge zu grübeln, die vielleicht im Moment nicht entscheidungsreif sind oder noch nicht gelöst werden können. Dabei kann man weiter nichts tun, als Entwicklungen abzuwarten und z.B. mit Affirmationen zu arbeiten:

»Alles, was ich brauche, kommt zu mir, zur richtigen Zeit, am richtigen Ort, in der richtigen Reihenfolge.«

Dazu sagt Shakti Gawain:

Die Erfüllung liegt im Alltag

Erfüllung entsteht aus dem, was du gerade in diesem Augenblick tust. Dabei geht es nicht darum, jetzt etwas für eine spätere Befriedigung zu tun: z.B.: Ich will jetzt arbeiten, damit ich später eine bessere Stellung bekomme; ich will jetzt hart arbeiten, damit ich mich zur Ruhe setzen und das Leben genießen kann; ich will jetzt hart arbeiten, um genug Geld für Ferien zu haben.

Was zählt, ist die Erfüllung, die in dem liegt, was du gerade jetzt tust. Sogar die einfachsten Dinge sind von Bedeutung.

Affirmationen für Veränderungen:

Ich akzeptiere mein Leben, so, wie es jetzt ist.
Ab heute kann ich beginnen, es zu verändern.
Ich richte meine Aufmerksamkeit auf meine Herzenswünsche.
Ich bin die Meisterin/der Meister meines Lebens.
Ich nehme mein Leben jetzt in die Hand.

- ❖ Beschreibe einmal ohne falsche Bescheidenheit deine Fähigkeiten und Talente
- ❖ Beruflich, privat
- ❖ Welche könnte ich ausbauen, weiterentwickeln?
- ❖ Was denke ich über mich?
- ❖ Gibt es einschränkende Gedankenmuster? Woher kommen sie?
- ❖ Siehe auch später: Ausführungen über das innere Kind/alte Denkprogramme

Sich selbst annehmen

Aus Sanaya Roman, »Sich dem Leben öffnen«, S. 82 – 93:

Wir sollten herausfinden, was uns Selbstwertgefühl und Vertrauen gibt, damit wir mit uns selbst glücklich sein können.

Wir sollten unsere eigenen Wertmaßstäbe erkennen und danach leben und die der anderen respektieren, sie aber nicht unbedingt zu unseren machen, andere aber auch nicht von unseren überzeugen wollen.

Oft erweisen sich Dinge, die wir für unsere Werte halten,

als ein »Sollen«, das wir von anderen übernommen haben.

Indem wir handeln und auf unsere Gefühle dabei achten, wird uns dann klar, ob wir aus unserem Inneren heraus handeln.

Wenn wir von anderen verletzt oder herabgesetzt werden, sollten wir uns fragen, warum wir das zulassen, warum entziehen wir uns nicht der Gesellschaft von Leuten, die uns verletzen und klein machen wollen? Wenn wir Selbstwertschätzung und Selbstwürdigung in uns entwickeln wollen, müssen wir unseren eigenen Weg, unsere Gefühle und unsere Zielsetzung achten lernen.

Sich anstrengen und hart zu arbeiten, um die Dinge zu erledigen, führt nicht unbedingt auf den Weg zur Freude. Wir sollten uns Zeit nehmen, nachzudenken, in die Stille zu gehen, uns auszuruhen und auf unsere innere Stimme zu hören.

Die Beziehung, die wir zu anderen aufbauen, kann nur so gut sein, wie die Beziehung, die wir zu uns selbst entwickelt haben.

Zwischen uns und den anderen besteht eine Wechselwirkung; je mehr Respekt wir ihnen entgegenbringen, um so mehr Achtung werden wir selbst erfahren, achten wir die Zeit und die Werte anderer, dann werden sie auch unsere achten.

Je mehr wir uns selbst achten, unsere Zeit, unsere Gefühle, unsere Ziele, desto mehr werden es auch die anderen tun.

Wenn wir uns nicht abgrenzen, werden sie unseren Bereich nicht achten, wenn wir uns selbst gering einschätzen, werden die anderen es auch tun. Die Veränderung muss immer im Innen beginnen, wir können sie nicht vom Außen, von anderen Menschen, der Gesellschaft erwarten.

Jede/r von uns ist wichtig und hat einen einzigartigen Beitrag in dieser Welt zu leisten.

Dieses Lebensziel herauszufinden, ist eine der schönsten, oft aber auch eine der schwierigsten Aufgaben.

Affirmationen:
Ich öffne mein Herz für mich!
Ich nehme mich voll uns ganz an, mit allen Schwächen!
Ich nehme alle meine Gefühle an!

Liebevoll betrachte ich den (wütenden, ängstlichen, neidischen, traurigen .....) Teil von mir, wie ein Kind, das meine Zuwendung braucht.

Mehr darüber in meinen Aufzeichnungen zum »Inneren Kind«

5. Schritt – Sich verändern, Altes loslassen

In welchen Bereichen deines Lebens spürst du Unbehagen, stehen Veränderungen an, brauchst du mehr Klarheit? Mache dir zunächst darüber Gedanken, dann

- **Setze dich hin und schreibe auf! Ergänze die angefangenen Sätze!**

Ich habe es satt …
Es reicht mir endgültig …
… raubt mir die Energie
Von … möchte ich mich besser abgrenzen
Es stinkt mir, dass …

Dann mache dich daran, das Sprechen zu verändern, das Denken zu verändern, dein Handeln zu verändern.

Schaue in den Spiegel und sage: »Ich bin willens, mich zu verändern. Ich entscheide, nicht länger an überholte Einengungen und Mängel zu glauben.«

Fang einfach an, etwas zu verändern, ein Schritt ergibt sich aus dem nächsten. Wenn ich den ersten Schritt nicht tue, wie soll ich da überhaupt weiterkommen?

Deine Veränderung hat Auswirkungen auf deine Umgebung.

Dabei geht es nicht ohne Krisen ab, alte Geschichten kommen hoch, wollen bearbeitet werden, oft verändert sich auch der Freundeskreis, dafür kommen neue Kontakte, entsprechend deiner neuen Denkweise dazu. Bewahre die Zuversicht und lerne, auf die innere Stimme zu hören.

Das Unterbewusstsein arbeitet nach den eingegebenen Programmen. Dabei ist der Glaube der Motor, je stärker er ist, desto schneller wird es verwirklicht.

Wenn ich immer wieder zweifle, dauert es etwas länger. Wenn ich gar nicht glaube, kann ich lange warten oder werde wieder mit Situationen konfrontiert, die ich schon oft erlebt habe, bis ich meinen Weg, mein Verhalten ändere.

Affirmationen:
»Ich bin am richtigen Ort, zur richtigen Zeit und tue genau das Richtige.«
»Alles, was ich wissen muss, wird mir offenbart, alles, was ich brauche, kommt zu mir, zur richtigen Zeit, am richtigen Ort, in der richtigen Reihenfolge.«
»Ich entscheide mich jetzt ruhig und objektiv meine alten Muster anzusehen und bin willens, Veränderungen vorzunehmen.«
»Ich sehe und fühle, dass ich mich von Augenblick zu Augenblick verändere. Ich lasse die alten Gedankenmuster los.«
»Ich erkenne mich selbst an und die Art, in der ich mich verändere, ich tue mein Bestes, jeder Tag wird leichter. Heute ist ein wunderbarer Tag, ich entscheide mich, ihn dazu zu machen.«

Am Anfang kommt man sich oft vor, als wenn man sich selbst belügt, aber es ist lediglich eine frei gewählte Selbstprogrammierung.

Das Ziel ist wichtig, den Weg dahin musst du nicht kennen, er wird dir gezeigt, du bekomme Zeichen, Hinweise der verschiedensten Art.

Die Vergangenheit loslassen

Wir denken und handeln nach Mustern aus der Vergangenheit. Wenn wir ein ungutes Gefühl bei einer Sache haben, sollten wir uns prüfen, warum wir es trotzdem tun – will es meine Mutter, mein Mann, meine Frau, mein Kind – richte ich mich nur nach anderen? Oder wehre ich mich gegen Aufgaben, die nicht zu umgehen sind? Das wäre natürlich Kraftvergeudung.

Einstellungen und Gedanken, die mich unglücklich oder klein machen, sind nicht sinnvoll und lebensfördernd.

Bevor wir unsere Zukunft planmäßiger angehen, sollten wir alles bereinigen, was aus der Vergangenheit noch an uns hängt, wie ein Klotz am Bein, der uns am raschen Vorankommen hindert.

Wir sollten unsere Schulden begleichen, und zwar auf der Ebene, auf der sie entstanden sind.

Habe ich die Gefühle von jemandem verletzt, sollte ich das Gespräch suchen, auch wenn es unangenehm ist. Habe ich Geldschulden, sollte ich sie so bald wie möglich zurückzahlen.

Vielleicht muss ich einen lästigen Brief schreiben?

Schuldgefühle kosten Energie und sollten beseitigt werden. Dabei ist zu bedenken, dass von wirklicher Schuld nur gesprochen werden kann, wenn man etwas bewusst oder fahrlässig falsch gemacht hat. Oft haben wir Schuldgefühle, wenn wir lediglich Fehler gemacht haben, aus einem Mangel an Können, Verstehen oder Wollen. Jeder macht Fehler, und Fehler sind lediglich Hinweise auf bessere Möglichkeiten. Erfolgreiche Menschen machen nicht weniger Fehler, sie wiederholen sie nur nicht so oft.

Fehlverhalten aus der Vergangenheit sollte man sich bewusst anschauen und sich fragen: Was habe ich daraus gelernt? Dann sollte man es loslassen.

Affirmation: »Ich entziehe dieser Situation aus der Vergangenheit die Macht.«

❖ Körperliche Befreiung von Wut und Ärger

Die Wut nicht herunterschlucken, sondern herauszulassen tut erstmal gut, z.B.

- Während der Autofahrt laut schreien, oder wenn man allein ist.
- Auf ein Kissen schlagen, bis man klar kriegt, warum und worauf man wütend ist.

Danach kommt der konstruktive Umgang mit der Wut:

Wir fragen den wütenden Teil von uns, was wir für ihn tun können, versuchen, seine Bedürfnisse herauszufinden, und gehen in die Handlung (ein klärendes Gespräch führen, beim nächsten mal »nein« sagen, usw.)

❖ Erstelle eine Liste mit allem erstellen, was du loswerden möchtest

Schreibe darunter:
»Ich entziehe diesen alten Programmen ihre Macht« …

… und zerreiße oder verbrenne den Zettel

Vergebung

Vergebung befreit uns von der Vergangenheit. So lange wir an Trauer, Verletzt sein, Verdruss, Rachegefühlen festhalten, können wir nicht frei im gegenwärtigen Lebensstrom schwimmen.

Unangenehme und schmerzhafte Erlebnisse aus der Vergangenheit sollten wir auch einmal unter dem Aspekt betrachten, was wir dadurch gelernt haben.

Vielleicht haben wir unseren Weg dadurch entscheidend geändert, hat es eine neue wichtige Verbindung ermöglicht. Habe ich vielleicht neue Charakterzüge entwickelt, bin ich dadurch gewachsen?

Das gilt auch für das Verhalten der Eltern.

Personen, die uns verletzt haben, sollten wir uns auch in ihrer Unzulänglichkeit und Hilflosigkeit vorstellen und ihnen Licht und Liebe senden und sie loslassen.

Danken und Vergeben

Für alle Veränderungen und auch Heilung ist ein dankbares, offenes und liebevolles Herz wichtig.

Wenn wir Opfer einer Situation oder Handlung sind, können wir davon ausgehen, dass es sich um einen karmischen Ausgleich handelt, d.h., dass wir selbst die Ursache für das gesetzt haben, was uns widerfährt, entweder in diesem oder einem früheren Leben.

Da hilft kein Hadern oder Wüten und schon gar keine Schuldzuweisung.

Statt die Schuld auf andere zu schieben und damit weiterhin Opfer zu bleiben, können wir mit folgender Übung relativ schnell gute, befreiende Wirkungen erzielen.

1. Danken
Lieber Gott, ich danke dir für alle Wohltaten in meinem Leben!
Sich einmal Zeit nehmen, sich alles vor Augen zu führen, was man besitzt oder nutzen darf, materielle Güter, menschliche Kontakte, usw.

2. Bitte um Vergebung, allgemein:
Ich bitte alle um Vergebung, denen ich etwas angetan habe, in Gedanken, Worten oder Taten in diesem oder einem anderen Leben.

Wenn einem etwas Bestimmtes widerfährt, was man als ungerecht, gemein oder verletzend erlebt:
a) Ich bitte alle Seelen um Vergebung, denen ich Ähnliches angetan habe, in diesem oder einem anderen Leben.
b) Ich vergebe jetzt allen, die mir etwas angetan haben, mit Gedanken, Worten oder Taten in diesem oder einem anderen Leben.
c) Ich vergebe mir.

Wenn ein Thema immer wieder auftaucht und sich nicht lösen lässt, hilft oft eine Rückführung. Manchmal muss man Dinge noch einmal erleben, fühlen, erkennen, bevor man sie loslassen und mit Hilfe der Engel heilen kann.

6. Schritt – Die Vorstellungsebene – positive Bilder entwickeln

Nachdem wir uns lange auf der mentalen Ebene aufgehalten haben, kommen wir nun zur Station 2 der Unendlichkeitsschleife:

Nachdem wir das Alte hinter uns gelassen haben, können wir daran gehen, neues zu entwickeln. Wir können weiter mit Affirmationen arbeiten, sollten dazu aber auch unsere Vorstellungskraft einsetzen und positive Zukunftsbilder entwickeln.

Anstelle der Schreckensszenarien kann ich mir bewusst Bilder schaffen, die die gewünschte Situation, mein gewünschtes Verhalten zum Inhalt haben.

Bevor ich auf das kreative Visualisieren eingehe, möchte ich kurz auf die negativen Bilder eingehen, die wir uns täglich zu Gemüte führen. Es ist meine Entscheidung, ob ich mir den Flugzeugabsturz oder die Kriegsbilder dauernd wieder ansehe. Ich kann sie mir in der Heute-Sendung, danach in der Tagesschau und abends noch einmal in den Tagesthemen ansehen, vielleicht auch zwischendurch noch einmal auf einem Privatsender. Dann kann ich noch mit jedem darüber reden, wie furchtbar doch die Welt ist. Den Opfern habe ich damit noch kein Stück geholfen.

Ich kann aber auch am nächsten Tag die Zeitung lesen und ganz auf die Bilder verzichten oder Nachrichten hören, dann bin ich auch informiert.

Noch besser wäre es, seine Zeit und Energie dafür einzusetzen, in seinem Dorf oder seiner Stadt kreativ mitzuarbeiten, indem man sich im politischen Bereich, in einem Naturschutzverein oder auf kultureller Ebene engagiert, statt über das Elend der Welt zu lamentieren. Da setzt man seine

Kraft dann konstruktiv ein.

Ich habe jahrelang so viel ehrenamtliche politische Arbeit gemacht, war politisch und im Kulturbereich aktiv und habe Kabarett gespielt, sodass ich kaum Zeit zum Fernsehen hatte.

Die Vorstellungskraft einsetzen - kreativ visualisieren

creare = schaffen, erschaffen, erzeugen
visio = Anblick, Erscheinung, geistige Vorstellung

Kreativ visualisieren bedeutet: Wir erschaffen Zukunftsbilder und stellen sie uns im Geiste vor. Dabei geht es immer nur um unsere Zukunft, nicht darum, das Verhalten anderer zu verändern.

Es ist eine Methode, seine Vorstellungskraft zu nutzen, um das zu verwirklichen, was man im Leben erreichen will. Wir nutzen unsere Fantasie, um eine Idee oder ein Bild geistig entstehen zu lassen.

Wir konzentrieren uns immer wieder auf das Bild, als wenn unser Wunsch schon Wirklichkeit wäre, so lange, bis das Vorgestellte oder etwas Besseres erreicht ist.

»Dein Ziel kann auf jeder Ebene liegen – der körperlichen, emotionalen, geistigen oder spirituellen. Du magst dir vorstellen, eine neue Wohnung, eine neue Arbeitsstelle oder eine schöne Beziehung zu haben, dass du dich ruhig und heiter fühlst oder vielleicht über ein besseres Gedächtnis und eine gesteigerte Lernfähigkeit verfügst. Du könntest dir auch vorstellen, wie du eine schwierige Situation mühelos meisterst, oder du siehst dich selbst einfach als strahlendes Wesen voller Licht und Liebe. Du kannst auf jeder Ebene arbeiten, und es werden sich immer Erfolge einstellen ... durch Erfahrungen wirst du Techniken und Bilder finden, die optimal für dich sind.«

(aus Shakti Gawain: »Stell dir vor«)

Wenn du Schwierigkeiten mit der bildlichen Vorstellungskraft hast, kannst du sie trainieren.

Schließe die Augen, gehe in Gedanken durch die Wohnung, lass Urlaubsszenen wieder vor dem geistigen Auge entstehen, stelle dir Gegenstände vor!

❖ Schaffe dir Bilder und Symbole!

Symbole sind abstrakter als Bilder, sie sind uralte Bedeutungsträger in der Menschheitsgeschichte. Sie wirken unmittelbar auf das Unbewusste. Es gibt viele Bücher, die sich mit der Bedeutung von Symbolen beschäftigen. Es würde den Rahmen dieses Buches sprengen, näher darauf einzugehen. Wenn dich das Thema interessiert, wirst du das richtige Buch finden. Lass dich ansonsten von deiner Intuition leiten. Wenn dich ein Bild oder Symbol anspricht und du ein gutes Gefühl dabei hast, ist es das richtige für dich.

Wir können uns Bilder und Symbole schaffen, die die Eigenschaft darstellen, die wir entwickeln wollen, z.B. einen großen kräftigen Baum, wenn wir Kraft brauchen, ein Herz für mehr Liebe, die Sonne als Licht- und Energiespender, das Meer für Weite, Ruhe und Erholung, je nachdem, was wir verwirklichen wollen.

❖ Richte dir eine Traumecke ein!

Schneide Bilder oder Symbole aus, die dein Ziel verdeutlichen, klebe sie auf, hänge sie an die Wand, so hast du dein Ziel immer vor Augen. Bilder und Symbole gehen am logischen Verstand vorbei direkt ins Unterbewusstsein.

Du kannst dir eine Pinnwand für deine Träume anlegen. Hänge jeden Spruch, jedes Bild und alles, was für dich wichtig ist, auf! So ist es immer präsent und du verlierst deine Ziele nicht aus den Augen.

Dadurch bist du auf Gelegenheiten vorbereitet und sie fallen dir eher auf. Du bist auf Empfang eingestellt, vergleichbar mit einem Radio, das eine Sendung auch nur empfangen kann, wenn es auf eine bestimmte Frequenz eingestellt ist.

❖ Stelle eine Wunschcollage her!

Nimm einige alte Zeitschriften und blättere sie durch. Schneide alle Bilder, Worte oder Sätze aus, die dich ansprechen.

Nimm ein großes Blatt, am besten im Din-A3-Format, ordne die Bilder und klebe sie auf!

Gehe nur nach deinem Gefühl und urteile nicht! Unsere bedürftigen Anteile lieben oft das, was der Verstand als kitschig bezeichnet. Du machst die Collage nur für dich und musst sie niemandem zeigen.

Ich mache mit meinen Kursteilnehmerinnen oft solche Bilder und sie sind immer wieder erstaunt, was dabei herauskommt. Sie spiegeln eben die Sehnsüchte der Seele und können einiges bewusst machen.

❖ Mentales Umerleben – einen neuen Film drehen

Das bedeutet, dass wir Situationen im Geiste vorwegnehmen und uns mental darauf einstellen oder Situationen, die wir verändern möchten, auf der inneren Ebene umgestalten.

Für diese Übung ist ein entspannter Zustand wichtig, damit die Bilder im Unterbewusstsein verankert werden können.

Wenn du immer wieder in Situationen kommst, in denen du dich nicht so verhältst, wie du es möchtest, kannst du die Situation im Geiste umgestalten.

Entspanne dich! Lass die Situation, die du verändern möchtest, vor deinem geistigen Auge wie einen Film ablaufen, mit allen dazugehörigen negativen Gefühlen. Wenn du sie richtig klar hast, dann stelle dir vor, wie der Film gelöscht wird.

Danach stelle dir wieder eine weiße Leinwand vor und lass die Szene noch einmal ablaufen, diesmal in veränderter Form. Sieh dich genau in dem Verhalten, das du dir wünschst.

Vielleicht hast du zuerst gesehen, wie du immer wieder ja sagst, obwohl du nein sagen möchtest, dann sieh dich im zweiten Film, wie du um Bedenkzeit bittest, statt sofort ja zu sagen, oder übe in Gedanken das nein Sagen

Danach stelle dir nur noch die gewünschte Situationmöglichst im entspannten Zustand vor. Wichtig ist, dass du ein gutes Gefühl dabei hast. Gestalte alles so, dass es sich gut und richtig anfühlt.

Das gleiche könnte man mit einem Spiegel machen, besonders wenn eine Situation für uns mit viel Wut oder Schmerz verbunden ist, in die wir vielleicht durch bestimmtes Verhalten immer wieder geraten sind, die wir so aber nicht noch einmal erleben wollen.

Statt der Leinwand stellt man sich einen Spiegel vor, mit dunklem Rahmen. Da hinein projiziert man das unerwünschte Bild oder die Filmszene. Man lässt den Spiegel nach rechts verschwinden, oder zertrümmert ihn, sodass er in viele Scherben zerspringt. Dann lässt man von links einen Spiegel mit weißem Rand herankommen und denkt sich die gewünschte Szene hinein. Den unerwünschten Film sollte man danach nicht wieder hervorholen, dann würde man die Scherben wieder zusammen setzen, in Zukunft stellt man sich nur noch die gewünschte Szene vor.

Die neue gewünschte Situation sollten wir mit einem Gefühl der Freude und Bejahung aufladen, dann wird sie besser für die Zukunft eingeprägt.

Diese Übung eignet sich auch gut, um am Ende eines Tages die negativen Erlebnisse umzugestalten und sich auf das zukünftige positive Handeln zu programmieren.

7. Schritt – Angst überwinden

Vertrauen in unsere eigene Schöpferkraft und in die Unterstützung durch eine licht-liebevolle geistige Welt entwickeln

Vielleicht hast du durch die ersten Erfolge und Veränderungen schon Mut gefasst, einen neuen Weg zu gehen. Es ist normal, dass immer mal wieder Ängste auftauchen, denn neue Wege zu gehen macht uns oft Angst.

Positive psychische Energien sind die stärkste Kraft im Kosmos.

Sich dem positiven Denken zuzuwenden, bedeutet bewusst werdendes Wissen um Gott in uns und um unser höheres Selbst.

Wichtig ist, den Kontakt zum eigenen Selbst, Halt in sich selbst zu finden, Vertrauen in die eigene schöpferische Kraft zu entwickeln, damit auch zum »Schöpfer«. Wer mit dem Gottesbegriff Schwierigkeiten hat, kann ihn ersetzen durch »universale Lebensenergie« oder Kräfte des Lichtes und der Liebe.

Zuversicht und Vertrauen können nur wachsen, indem ich in die gewünschte Richtung gehe und handle. Dann stellen sich die gewünschten Erfolge ein, die dann wiederum verstärkend wirken, und das führt dazu, dass die Angst vor dem Neuen, vor Veränderungen weniger wird oder verschwindet.

Es ist meist der Verstand, der uns dabei im Wege steht, er urteilt nach Mustern aus der Vergangenheit, er steht Eingebungen, die von unserer inneren Stimme kommen, hilflos gegenüber – denn die innere Stimme gibt oft keine Begründung, sie weiß einfach.

Der göttliche Kern ist in uns, wir haben alles Wissen in uns und eine innere Führung, zu der wir den Kontakt wieder herstellen sollten. Dann ruhen wir in uns selbst, überlassen unserem höheren Selbst die Führung, bekommen eine innere Sicherheit, die uns stark macht und die Angst vertreibt.

Bei allen Veränderungen und Plänen ist der Glaube an die eigene Kraft und die Zuversicht, es auch zu erreichen, ganz wichtig. Wenn ich nicht daran glaube, darauf vertraue, dass ich es schaffe, brauche ich gar nicht erst anzufangen.

Dabei hilft dann, an vergangene Erfolge zu denken.

Frage dich einmal: »Warum ist mir das damals so gut gelungen? Wie habe ich es geschafft?«

Wahrscheinlich, weil du daran geglaubt hast, denn »der Glaube versetzt Berge«!

Sorgen sind eine Verschwendung des kreativen Gedankengutes, sie nehmen etwas voraus, was vielleicht nie passieren wird, und blockieren uns. Lieber sollten wir in die Richtung gehen, in die wir wollen und handeln, das bringt uns neue Erkenntnisse mit auf den Weg. Wichtig ist, sich auf den Weg zu machen, erst dann sehen wir so manche Abzweigung.

Wenn der Wunsch nach Veränderung aus unserer inneren Stimme kommt, dann haben wir meist auch die Kraft dazu. Wir müssen den Weg zum Ziel noch nicht in allen Einzelheiten kennen, er wird uns gezeigt, je mehr wir lernen, in uns hinein zu horchen und mit offenen Augen zu schauen.

Selbstvertrauen ist ganz wichtig, mir selbst vertrauen, dass ich es schon schaffe, der inneren Stimme vertrauen, dass sie mich führt. Dabei sollten wir Leute, die uns nur verunsichern wollen, nicht in unsere Pläne einweihen. Vertrauen wir auf unsere Kraft und reden wir erst hinterher über unseren Erfolg.

»Jeder Gedanke, den wir denken, ist eine Wirklichkeit. Ich habe es oft gesagt, sage du es dir zweimal. Jeder Gedanke baut etwas von unserer Zukunft auf oder reißt etwas von ihr nieder. Woran denkst du jetzt in diesem Augenblick? Was ist dein Gedanke? Ruht er auf Dunklem oder Hellem? Ist er Hass oder Liebe? Neigung zu anderen oder Widerwillen gegen sie?

Ich könnte ebenso gut fragen: »Was machst du aus deiner Zukunft?«

Der Mensch ist das Ergebnis dessen, was er gedacht hat.«

Prentice Mulford

»Ihr Gedanke ist die gewaltigste Kraft der Welt. Das Wort ist ein ausgedrückter Gedanke. Durch sein Wort kann ein Mensch über den Einsatz atomarer Energie verfügen. Der Mensch ist der Herrscher seiner selbst. Er muss über den Gebrauch der Kräfte entscheiden, die ihm zur Verfügung stehen.«

Dr. Joseph Murphy

»Wenn du schlechte Gedanken, eine schlechte Einstellung, schlechte Taten in einen Tag hineinlegst, dann muss er zwangsläufig schlecht werden. Legst du gute Gedanken, eine gute Einstellung, gute Taten in den Tag hinein, dann wird er zwangsläufig gut werden.«

Norman Vincent Peale

Affirmationen können dabei sehr hilfreich sein:

Wenn wir Affirmationen ins Unterbewusstsein geben, können wir unsere Programme, nach denen sich der Verstand richtet, verändern:

»Gott ist in mir, und eine unendliche Weisheit ist in meinem tiefsten Wesen, aus der ich Kraft und Sicherheit ziehe.«

»Gottes Liebe erfüllt meine Seele, Gottes Frieden meinen Geist.«

»Die allgegenwärtige Fürsorge der licht- und liebevollen geistigen Welt gibt mir Mut und Gelassenheit im Alltag.«

»In mir ist vollkommene Harmonie. Ich strahle Liebe, Frieden und guten Willen aus auf alle, mit denen ich in Berührung komme.«

»Alles, was ich brauche, kommt zu mir, zur richtigen Zeit, am richtigen Ort, in der richtigen Reihenfolge.«

In diesem Sinne habe ich das »Gebet am Morgen« geschrieben, es enthält die fünf Prinzipien des Begründers von Reiki, Mikao Usui:

1 Sei nicht ärgerlich (bleibe gelassen)
2 Sorge dich nicht (sei zuversichtlich)
3 Sei dankbar
4 Arbeite hart (an dir)
5 Sei nett zu deinen Mitmenschen

Gebet am Morgen

Voller Zuversicht beginne ich den heutigen Tag.
Heute bin ich mir all dessen bewusst, womit ich gesegnet bin und danke für alles, was ich besitze und nutzen darf.
Alles, was ich heute brauche kommt zu mir – das Universum ist reich, und es ist genug für alle da.
Heute verrichte ich meine Arbeit, so gut ich kann. Ich tue mein Bestes und begegne mir und meinen Mitmenschen mit Achtung, Freundlichkeit und Mitgefühl.
Heute begegne ich allem, was ich nicht ändern kann, mit Gelassenheit. Ich bitte um die Kraft, das zum Guten zu verändern, was ich verändern kann.
Ich bitte um die Weisheit, das eine vom anderen zu unterscheiden, und bitte um die Kraft, mehr Licht und Liebe in diese Welt zu bringen.

Gebete und Anrufungen – die geistige Welt um Hilfe bitten

Wir sind nicht allein! Bitte vergiss das nie!

Die licht- und liebevolle geistige Welt steht in den Startlöchern, um uns zu helfen.

Sie möchte aber angerufen und um Hilfe gebeten werden, denn man lässt uns unseren freien Willen.

Wir können mit ihnen sprechen wie mit lieben Freunden:

»Lieber Schutzengel, heute brauche ich deine Hilfe, bitte begleite mich auf meinem Weg zu ... bei dem Gespräch mit ...«

»Liebe Beziehungsengel, bitte hilf mir, hilf uns ...«

»Liebe Engel, die ihr etwas von Technik versteht, heute brauche ich eure Hilfe bei ...«

Wer heilerisch arbeitet, kann auch die entsprechenden »Experten« aus der geistigen Welt um Hilfe bitten, insbesondere den Erzengel Raphael.

Aber wende dich bitte immer nur an die licht- und liebevolle geistige Welt und rufe niemals nur irgendwelche »Geister« an!

Einige Beispiele für die Anrufung der Erzengel:

Erzengel Michael – Schutz

Michael hilft bei Bedrohungen jedweder Art, hilft Seelen ins Licht zu führen – rufe ihn an, wenn du dich an einem Ort irgendwie bedroht fühlst oder unsicher bist.

Lieber Erzengel Michael, ich bitte um deinen Schutz!

Bitte vertreibe die Dämonen in meinem Kopf – negative Gedanken, negative Schwingungen.

Bitte hilf, den Streit/die Disharmonie zwischen mir und ... zu beseitigen.

Erzengel Gabriel – er ist Gottes Bote

Unterrichtet uns über kommende Ereignisse, sich anbahnende Veränderungen und neue Erfahrungen.

Bringt neues Leben in schal gewordene Beziehungen und glanzlose geschäftliche Situationen.

Lieber Erzengel Gabriel, bitte weise mir den Weg! Bitte zeige mir meine Lebensaufgabe – bitte führe mich und gib mir Zeichen!

Erzengel Uriel (»Licht Gottes«)

Bringt Licht in unsere irdischen Angelegenheiten, hilft, das Leben neu zu ordnen, zeigt Wege aus dem Chaos.

Bitte, lieber Erzengel Uriel, hilf mir,

- eine neue Arbeit zu finden und damit ausreichendes Geld zu verdienen
- eine Wohnung zu finden
- bei der Verwirklichung von........ – Projekt genau bezeichnen

Erzengel Raphael (»Gott heilt«)

Der Engel der Heiler – hilft beim Heilen auf allen Ebenen (physisch, mental, emotional). Er schützt die Reisenden

Lieber Erzengel Raphael, bitte hilf mir, dass ich wieder gesund werde. Bitte schicke mir deine heilende Engelschar …

Lieber Erzengel Raphael, bitte hilf ...

(Ansprechen, wer/was geheilt werden soll)

Erzengel Zadkiel

Hilft beim Reinigen der Aura und der Reinigung von Räumen und Plätzen

Lieber Erzengel Zadkiel, bitte reinige meine Aura von allen negativen Energien …

8. Schritt – Gefühle wahrnehmen und ernst nehmen

Die Station der Gefühle

Nachdem wir die Kraft der Gedanken und der Bilder behandelt haben, wenden wir uns nun der dritten Station der Schleife zu, den Gefühlen.

Gefühle lassen sich nicht mit positiven Gedanken abspeisen. Sie sind wichtige Signale, die uns auf unserem Weg helfen. Wir sollten sie erstmal nur **wahrnehmen und annehmen**, denn sie zeigen unsere bedürftigen Seiten. Es sind Anteile von uns, die sich melden und um die wir uns kümmern müssen. Diese Anteile können wir auch als »bedürftiges/verletztes inneres Kind« bezeichnet.

Ich verwende diesen Begriff gern, denn ein Kind erweckt unser Mitgefühl. Wir müssen für uns selbst gute Eltern, eine gute Mutter oder ein guter Vater werden, damit unser inneres Kind wieder froh sein kann, und wir Lebendigkeit und Lebensfreude spüren.

Vor allen Dingen sollten wir endlich selbst die Verantwortung für unsere Gefühle übernehmen und nicht unseren Eltern, anderen Menschen oder Situationen die Schuld geben. Das ist der beste Weg, die Probleme zu behalten.

Auch hier geht es wieder darum, die Denkprogramme zu erforschen, durch die unsere Gefühle ausgelöst werden.

Ständiger Mangel in der Kindheit hat vielleicht zu dem Denkprogramm »Es ist nie genug da, ich komme ständig zu kurz« geführt. Damit kann eine ständige Angst vor Mangel verbunden sein, eine Existenzangst, die in der Realität nicht vorhanden sein muss.

Später werde ich noch einiges zum inneren Kind sagen. Nachfolgend geht es zunächst einmal wieder um den praktischen Umgang mit Gefühlen, die uns immer wieder zu schaffen machen. Wenn wir wütend, enttäuscht, neidisch oder traurig sind, neigen wir dazu, Ereignissen oder Personen aus dem Umfeld die Schuld zu geben. Wir bleiben das Opfer der Situation und nichts wird sich ändern, und unsere trübe Stimmung schon gar nicht.

Gefühle sind das Barometer der Seele

Im Folgenden zeige ich eine Möglichkeit auf, wie man mit seiner Wut oder anderen Gefühlen umgehen kann, die die Lebensfreude erheblich einschränken.

1. Ziehe dich zurück und sorge dafür, dass du nicht gestört wirst.

2. Nimm die Realität wahr, als wenn du die Situation als Außenstehender wie einen Film betrachtest.
   Was ist geschehen? Keine Wertung vornehmen!

3. Was habe ich gefühlt oder fühle ich noch immer in Bezug auf die Situation? Das Gefühl herausfinden – Wut, Trauer, Ärger, Eifersucht, Neid, Missgunst …?
   Auch wirklich nur das Gefühl ohne Wertung, so gut es eben geht (nicht: »ich fühle mich von dir verletzt« – enthält auch schon eine Schuldzuweisung).

4. Finde das **Bedürfnis** hinter dem Gefühl heraus, spüre die Sehnsucht deiner Seele, denn hinter jedem Gefühl steckt ein Bedürfnis.

5. Frage dich: Gibt es Möglichkeiten, dieses Bedürfnis, diesen Wunsch, diese Sehnsucht ... zu erfüllen?

6. Was kann **ich** dafür tun, damit das Bedürfnis erfüllt wird?

7. Wer kann mir dabei helfen?

8. (Manches können wir nicht ändern, müssen es mit Gelassenheit hinnehmen, manchmal denken wir aber auch nur, es ist nicht zu ändern, weil wir einen zu engen Blick haben, oft gibt es mehr Möglichkeiten, als wir uns vorstellen können.)

9. Gott und die mächtigen und hilfreichen Wesen des Lichtes und der Liebe um Hilfe bitten – Heilengel, Beziehungsengel, Führungsengel … oder die jeweiligen Spezialisten aus der licht- und liebevollen geistigen Welt anrufen. Sprich mit ihnen, als ob du mit einem Menschen sprichst. Gebete sind Funksignale »nach oben« und werden wahrgenommen.

Aber immer nur die licht- und liebevollen göttlichen Helfer/innen ansprechen, nie irgendwelche »Geister« rufen!
»Lieber Gott, ich bitte um Hilfe in meiner Beziehung zu …«
»Liebe Engel, ich brauche Unterstützung bei …«

Nimm dir immer wieder Zeit, um innezuhalten und zu lauschen, um wahrzunehmen, was Bauch und Herz dir sagen wollen, achte auf Impulse und Ideen, schreibe sie auf!

Die Gefühlsebene – Kontakt zum inneren Kind

Nachdem du vielleicht schon erste Erfahrungen mit dem »Barometer der Seele« gemacht und vielleicht auch schon deine Bedürfnisse besser kennengelernt hast, die hinter deinen Gefühlen stecken, möchte ich jetzt noch einiges zum inneren Kind ausführen.

Auf der Gefühlsebene ist es zunächst mal wichtig, nicht so viel zu **tun**, sondern zu **sein** (im Gegensatz zur Gedankenebene, z.B. positives Denken und Handeln).

Gefühle wollen wahrgenommen, gespürt und angenommen werden.

Angenehme Gefühle wie Freude, Hoffnung oder Liebe zeigen uns, dass wir auf dem richtigen Weg sind. Alles, was uns Freude bereitet, uns lebendig macht, d.h. unsere Energie anhebt, sollten wir verstärken.

Was uns Schwierigkeiten bereitet, sind in erster Linie die bedürftigen Anteile in uns, die Verständnis und Heilung brauchen – z.B. unsere Traurigkeit, Wut oder Eifersucht. Es ist unser bedürftiges inneres Kind.

Der innere Erwachsene und das innere Kind

Der innere Erwachsene umfasst alle Programme, die wir in uns gespeichert haben. Er entsteht allmählich im Laufe unserer Entwicklung.

Der Erwachsene ist die Entscheidungsinstanz im Hinblick auf unsere Absichten und Handlungen. Er entscheidet, ob wir unsere Gefühle verdrängen, oder ob wir sie wahrnehmen und von ihnen lernen wollen.

Der Erwachsene ist der Handelnde, er wählt die Aktionen aus, die der Verwirklichung unserer Absicht dienen.

Das innere Kind funktioniert in der Sphäre von Sein,

Fühlen und Erleben, es ist die innere Erfahrung. Der innere Erwachsene ist dagegen mehr auf das Machen, Denken und Handeln ausgerichtet, auf das Tun im Außen.

In einer Situation, in der unangenehme Gefühle auftauchen, möchte der Erwachsene immer gleich etwas dagegen tun, damit sie schnell wieder verschwinden. Das Kind aber möchte fühlen, und es möchte, dass seine Gefühle ernst genommen werden. Der Erwachsene hat Angst vor diesem Teil in sich, er hat Angst, dass dieses Kind ihn aus der Bahn wirft, sein Leben durcheinander bringt. Diese Angst ist nicht unbegründet, denn meist löst die Beschäftigung mit dem inneren Kind große Veränderungen aus. Davor fürchtet sich der Verstand, denn er klammert sich an das Vertraute.

Das innere Kind kann lebendig und voller Lebensfreude sein oder traurig, wütend oder verschüchtert. Wir beschäftigen uns im Folgenden mit dem bedürftigen inneren Kind, das endlich entdeckt und beachtet werden will.

Vorübergehend ist das manchmal sehr anstrengend und nicht gerade angenehm, aber wir werden dafür reich belohnt, denn ein guter Kontakt mit dem inneren Kind macht uns stärker, freier, lebendiger und unabhängiger von der Zuwendung im Außen.

Das innere Kind als Teil unserer Seele

Das bedürftige Kind ist der Teil in uns, der wie ein Kind liebevoll behandelt werden will. Dieser Teil ist verletzt, traurig, wütend, neidisch, eifersüchtig, usw.

Wenn er nicht zu seinem Recht kommt, dann sind wir unzufrieden, wir versuchen ihn irgendwie zu beruhigen, aber er stört unser Leben immer wieder gewaltig. Ob Drogen, Beziehungen, Arbeit im Übermaß, egal, was wir ihm anbieten, er wird nicht zufrieden sein, da wir seine wirklichen Bedürfnisse nicht erfüllen.

Das ist wie bei Kindern, die auch nicht mit Süßigkeiten oder Videos o.ä. »abgespeist« werden wollen.

So, wie Kinder nur zu selbstbewussten, frohen, liebevollen Erwachsenen werden können, wenn ihre Bedürfnisse nach Liebe, Zuwendung, Zärtlichkeit oder Aufmerksamkeit erfüllt werden, und sie nach und nach noch lernen, Verantwortung für ihr Leben zu übernehmen, so ist es auch bei uns mit unserem inneren Kind.

Wir können erst dann richtig erwachsen werden, wenn unser inneres Kind zu seinem Recht kommt, wenn wir seine Wünsche und Bedürfnisse wahrnehmen und für es sorgen und die Verantwortung für das Wohl unseres Kindes übernehmen.

Sonst erwarten wir auch schnell von unseren Partnern, Elternersatz für uns zu sein. (Ein bisschen sind wir es füreinander immer mal, und das ist auch in Ordnung.)

Aber wenn sie uns die Liebe nicht geben, die wir brauchen, suchen wir uns neue Eltern oder die Partner verlassen uns, weil wir ihnen nicht geben können, was sie brauchen.

Viele Menschen wundern sich dann, dass sie immer wieder dieselben Probleme haben, da sie die gleiche Art von Beziehungen eingehen.

Hier wirkt das Gesetz: Wie innen, so außen! Wenn man sich im Innen nicht verändert, zieht man auch nichts anderes aus dem Außen an.

Echte Stabilität kommt nur von innen. Durch Kontakt mit der inneren Weisheit.

Die innere Weisheit (weises Selbst) ist eine wichtige Instanz unserer Seele. Mit ihrer Hilfe kann es uns gelingen, Defizite aufzuspüren und alte Wunden zu heilen. Diese innere Weisheit zeigt sich in Fantasiereisen in verschiedenen Gestalten – als alter, weiser Mann, weise Frau, Engel, Lichtwesen oder weises Tier, letzteres aber selten.

Sie ist es auch, die durch unsere Intuition zu uns spricht und mit der »göttlichen Ebene« in Kontakt ist. Viele Geisthelfer warten darauf, uns zu unterstützen, aber wir müssen erst einmal bereit sein, uns zu öffnen. So lange wir den UKW-Sender eingeschaltet haben, können wir nicht Mittelwelle empfangen. Auch wenn wir den richtigen Sender eingestellt haben, bedarf es einiger Feinabstimmungen, um einen bestimmten Sender zu empfangen.

Die Meditation ist eine wichtige Voraussetzung, Botschaften zu empfangen.

Erst wenn das innere Kind zufrieden und wieder fröhlich geworden ist, kann der Erwachsene sein volles Potenzial entfalten. Tröstlich bei dem Prozess ist, dass unsere innere Weisheit uns dabei hilft.

Der Heilungsprozess läuft also so ab, dass wir gleichzeitig mit der Wahrnehmung der Bedürfnisse unseres Kindes den Kontakt zur inneren Weisheit herstellen, um uns von ihr leiten zu lassen.

Eine »grobe« Einteilung, nicht so absolut zu sehen.

Inneres Kind	**Innerer Erwachsener**
Gefühle	Verstand
Intuition	logisches Denken
spontan	überlegt
weibliche Seite	männliche Seite
möchte fühlen, erleben, sein	tun, handeln
drängt danach beachtet zu werden, bettelt um Liebe	schiebt ab, projiziert sublimiert (Ersatzhandlungen)
will naschen, Alkohol	erliegt der Sucht
sucht Anerkennung	Helfertyp, Nehmender
Bedürftigkeit	Fürsorge oder Wegdrücken
	Betäuben
	Alte Programme, Glaubensmuster

Entscheidend ist die Verbindung zwischen diesen beiden Anteilen.

Die Verantwortung übernehmen und nicht abschieben.

Gefühle wahrnehmen, fühlen, Bedürfnisse wahrnehmen.

Für sich sorgen, für sich selbst eine gute Mutter/ein guter Vater werden und nicht auf den »Retter/die Retterin« warten.

Der lieblose Erwachsene

Lieblos ist der Erwachsene, der die Wahl getroffen hat, sich gegen die Wahrnehmungen und das Durchleben von Schmerz, Angst, Traurigkeit, Unbehagen und des intensiven Gefühls des Alleinseins und der Einsamkeit seines inneren Kindes zu schützen, und der sich weigert, dafür die Verantwortung zu übernehmen. Es ist aber nur ein scheinbarer Schutz. Er verdrängt diese Gefühle und schneidet sich von diesem Teil ab.

Der lieblose Erwachsene misst Aufgaben, Regeln, Verpflichtungen und Scham- und Schuldgefühlen einen größeren Wert bei, als dem Gefühl, im Kontakt mit sich selbst zu sein. Er missachtet die Wünsche und Bedürfnisse des Kindes, er ignoriert und verleugnet sie und schafft so genau dieselben Schwierigkeiten, die Eltern haben, wenn sie ihre Kinder nicht richtig wahrnehmen und ihnen etwas aufzwingen wollen, was ihnen gar nicht entspricht.

Die verdrängten Gefühle aber wirken im Unbewussten weiter, sie können sogar Krankheiten hervorrufen.

Glaubensmuster

Im Folgenden findest du einige Glaubensmuster, Überzeugungen oder Auffassungen (Überlebensstrategien), die die meisten von uns verinnerlicht haben. Mehr darüber findest du in dem Buch »Aussöhnung mit dem inneren Kind« von Erika J. Chopich und Margret Paul.

- Spüre deine Gefühle nicht und sprich nicht über sie.
- Nimm Probleme nicht wahr, erwähne sie nicht und löse sie nicht – es ist nicht gut, welche zu haben.
  Sei immer gut, anständig, perfekt und stark
- Verletze die Gefühle der anderen nicht!
- Sei nicht egoistisch, stelle dich nicht an die erste Stelle.
- Sei immer für andere da!
- Sei nicht lustig oder albern, und genieße dein Leben nicht, es kostet Geld, macht Lärm und ist nicht nötig.
- Behalte immer die Kontrolle über dein Leben!
- Mache immer ein fröhliches Gesicht, egal, wie du dich fühlst, oder was du zu tun hast.
- Komme niemandem nahe, du machst dich dadurch verletzbar.
- Störe das bestehende System nicht, indem du wächst oder dich veränderst.

Unser liebloser Erwachsener zwingt diese Regeln und falschen Überzeugungen unserem inneren Kind fortwährend auf und setzt somit die Lieblosigkeit, die wir in der Kindheit erfahren haben, permanent fort.

Der »Helfer« und der »Nehmende«

Es gibt zwei Haupttypen von lieblosen Erwachsenen, die ihr inneres Kind vernachlässigen. Der erste ist der »Helfertyp«, der sich für andere aufopfert, der zweite der »nehmende Typ«, der anderen die Energie raubt.

Das Verhalten des **Helfertyps** besteht darin, die eigenen Bedürfnisse zurückzustellen und durch Anpassung und Fürsorglichkeit die Aufmerksamkeit der anderen zu bekommen. Man nimmt die Wünsche und Gefühle der anderen wichtiger als seine eigenen. Der »Helfertyp« drängt seine Hilfe oft geradezu auf.

Glaubensmuster:

- Ich kann Liebe bekommen, indem ich nett bin.
- Die Gefühle und Wünsche der anderen sind wichtiger als meine, und ich bin für sie verantwortlich.
- Ich darf niemandem weh tun.
- Ohne mich geht »er« oder »sie« verloren, vor die Hunde. Immer wieder den Alkoholismus oder andere Süchte entschuldigen.)

Dann gibt es noch den **nehmenden Typ**, der seine Umgebung tyrannisiert durch Gereiztheit, Weinen, Schmollen, Wutanfälle, Beschuldigungen, wenn er nicht bekommt, was er möchte. Er macht die anderen Menschen für seine Gefühle verantwortlich, ist sehr egozentrisch.

Glaubensmuster:

- Ich kann andere dazu bringen, mich zu lieben,

mich wahrzunehmen, mich zu hören, mich zu bestätigen, wenn ich ständig leide und jammere.
- Ich kann mich selbst nicht so glücklich machen, wie es ein anderer könnte.
- Die anderen sind für meine Gefühle verantwortlich.
- Mein Mann, meine Frau, meine Eltern sind Schuld daran, dass es mir so schlecht geht.

Die Angst, sich zu öffnen, ist bei beiden Formen groß, denn dann verlieren sie ja die Kontrolle (über sich oder die anderen).

Deshalb wirken sie dem entgegen, indem sie selbst kontrollieren und manipulieren

- durch offene Kontrolle (Nehmender Typ) und
- verdeckte Kontrolle (Gebender Typ).

Es gibt sie in dieser Reinform selten, wir haben meist Anteile von beiden in uns. Wenn ein Gebender (Helfender) z.B. nicht die Aufmerksamkeit und Liebe durch die aufopfernde Hilfe bekommt, kann es sein, dass er zu den Methoden des »Nehmenden« übergeht und beleidigt ist, schmollt, die anderen als undankbar bezeichnet.

Das vernachlässigte oder verletzte innere Kind

Aus den Ausführungen über den lieblosen Erwachsenen geht schon hervor, dass unser inneres Kind mit so einer Behandlung nicht zufrieden sein kann. Unsere Bedürfnisse werden ignoriert, andere Leute wichtiger genommen als wir selbst.

Wir vermeiden es, unsere Einsamkeit, Traurigkeit und innere Leere wahrzunehmen. Unsere Devise lautet »nicht hinsehen, nicht fühlen«! Wir lenken uns ab durch Arbeit, Essen oder durch Suchtmittel.

Wir nehmen die Liebe und Akzeptanz unserer Eltern als Maß und auch als Erlaubnis, wie sehr wir uns selbst lieben dürfen. Wir übernehmen die elterlichen Vorstellungen, wie wir zu sein haben, wann wir »gut« sind, z.B. wenn wir fleißig, arbeitsam, brav oder angepasst sind. Dazu kommen die Ideale, wie Männer oder Frauen sein sollten. Wenn unsere Bedürfnisse als Kind nicht ernst genommen wurden, nehmen wir sie heute auch nicht ernst. Wir stellen Situationen her (unbewusst) oder geraten in Situationen, in denen wir unser Selbstbild bestätigt bekommen, z.B. nicht gut genug, nicht liebenswert zu sein.

Wir reagieren wie ein Kind, nicht wie ein Erwachsener.

Auf emotionaler Ebene hat dieser Teil unserer Persönlichkeit das Elternhaus niemals wirklich verlassen, er weilt immer noch dort, wartend auf die liebevolle Annahme und bedingungslose Liebe, die er nie erhalten hat. Er behält die Gefühle bei, die als Kleinkind vorherrschend waren, und dieser Anteil, der immer noch als das Kind und nicht wie ein Erwachsener handelt, enthält Gedankenmuster, die diese Gefühle erzeugen. Wir tun z.B. alles für andere, um lieb zu sein, geliebt zu werden, wir trauen uns nicht, eine eigene Meinung zu haben, weil das die Eltern wütend machte. Dieser Teil von uns stellt an uns immer wieder die Anforderungen der Eltern. Es betrifft den Teil von uns, den Teil des inneren Kindes, der verletzt wurde.

Wir haben aber auch alle das gesunde, fröhliche, das göttliche Kind in uns.

Da wir als Erwachsene die Zeit nicht mehr zurückdrehen können, nützt es nichts, weiterhin auf die Liebe und Zuwendung unserer Eltern zu hoffen. Wir rennen hinter den Eltern her und unser inneres Kind hinter uns. Da heißt es dann – stehen bleiben und hinhören, hinschauen, sich seiner Bedürfnisse bewusst werden.

Es geht darum, liebevolle Eltern für uns selbst zu werden, um diesem Kind Gehör zu verschaffen und ihm zu seinem Recht zu verhelfen, um mehr Lebendigkeit und Lebensfreude in unser Leben zu bringen.

Der liebevolle Erwachsene

Der liebevolle Erwachsene setzt sich dafür ein zu lernen, das innere Kind zu umsorgen. Er bemüht sich, das innere Kind kennenzulernen, zu lieben, zu unterstützen und in Kontakt mit ihm zu sein.

Dieser Teil bringt den Mut auf, in unser Inneres zu schauen und falsche, lebensfeindliche Überzeugungen aufzudecken. Er setzt sich dafür ein, die Gefühle, Wünsche, Sehnsüchte und kreativen Ideen des inneren Kindes wahr- und ernst zu nehmen und sie zu realisieren.

Das Kind ist hungrig, der Erwachsene bereitet ihm eine Mahlzeit zu. Das Kind ist müde, der Erwachsene geht zu Bett und macht das Licht aus. Das Kind möchte Kontakt, der Erwachsene nimmt das Telefon und ruft jemanden an oder besucht jemanden. Das Kind hat die Vision eines Gemäldes, der Erwachsene geht los und kauft Papier und Farbe und malt es. Das Kind ist todunglücklich im Beruf, der Erwachsene schafft Möglichkeiten der Arbeitsverbesserung.

Wenn der liebevolle Erwachsene mit dem inneren Kind zusammenarbeitet, sind wir mit uns selbst in Einklang. Dazu gehört aber auch, dass wir dem inneren Kind Grenzen setzten und es nicht verwöhnen. Das sollte der Fall sein, wenn es nur immer naschen oder Alkohol trinken will oder notwendige Arbeiten immer wieder vor sich herschiebt.

Da ist es dann Aufgabe des Erwachsenen, nach den Ursachen zu forschen, und die Gefühle kennenzulernen, die dahinter stehen.

Er hat auch Verständnis, wenn das Kind wütend, verletzt oder traurig ist und sorgt dafür, dass nicht andere für diese Gefühle verantwortlich gemacht werden.

Es geht darum, aus den Projektionen herauszukommen.

Stattdessen nimmt er das innere Kind ernst und versucht Kontakt mit diesem Teil seiner Persönlichkeit aufzunehmen, die Botschaft zu vernehmen. Er spricht mit dem Teil und versucht, die Bedürfnisse wahrzunehmen. Erst dann kann er die negativen Gefühle in konstruktive Handlungen umwandeln.

Der erwachsene Teil von uns muss das Gespräch mit dem Chef führen, der uns ungerecht behandelt hat. Er muss die Initiative ergreifen, wenn unser Ehepartner sich ungenügend an der Kindererziehung oder Hausarbeit beteiligt, z.B. Vorschläge zur Verbesserung machen und sich nicht so schnell abspeisen lassen.

Der erwachsene Teil sollte lernen, sich abzugrenzen, wenn andere über uns bestimmen wollen. Er muss die Entscheidung treffen, sich vom Elternhaus abzunabeln und selbst für sich zu sorgen. Es gibt ja Kinder, die mit 30 noch zu Hause wohnen und sich bemuttern lassen, und Eltern, die ihre Kinder nicht loslassen können.

Die Verbindung mit dem inneren Kind, die verletzte Seele heilen

Was passiert durch die Verbindung zum inneren Kind, warum ist sie so wichtig?

Wir kommen in Kontakt mit unseren Gefühlen, mit bisher abgetrennten Teilen, und indem wir sie annehmen und bearbeiten, kommen wir immer mehr in unsere Mitte. Wir werden zentrierter und unabhängiger von äußeren Gegebenheiten, d.h. den äußeren Umständen und anderen Menschen. Wir gelangen immer mehr in den Zustand des inneren Friedens, wir sind einfach in uns selbst mehr zu Hause. Wir bekommen mehr Selbstvertrauen und damit wächst auch das Vertrauen ins Universum, zu Gott, eine Art Urvertrauen, mit dem wir auf die Welt kamen, das uns aber verloren gegangen war.

»So ihr nicht werdet wie die Kinder ...«

Wie kommen wir dahin?

- Achte auf deine Gefühle, lerne, sie bewusst wahrzunehmen!

- Übernimm die Verantwortung für deine Gefühle und schiebe sie nicht auf die Umgebung ab!

- Nimm deine Projektionen wahr, denn sie zeigen dir deine bedürftigen Anteile.

- Erforsche die Gedankenmuster und Einstellungen, die diese Gefühle verursacht haben.

Dafür möchte ich ein paar Beispiele geben:

Wut

Du bist wütend, weil dein Mann es dir nicht erlaubt, zu dem Seminar zu gehen, er weigert sich, die Kinder am Wochenende zu betreuen.

Schau dir den wütenden Teil an! Du schiebst es auf deinen Mann, aber dein inneres Kind ist auch wütend auf dich, weil du nicht genügend für dich sorgst. Vielleicht trittst du nicht entschieden genug auf, um für dein Recht auf Fortbildung zu kämpfen. Vielleicht liegt bei dir ein Gedankenmuster vor, wie z.B. »Ein Wochenende für mich steht mir nicht zu«.

Du könntest auch andere Möglichkeiten der Kinderbetreuung suchen, Großeltern, Freunde oder Bekannte.

Neid

Du bist neidisch, weil deine Freundin so viel mehr Freiheiten hat als du.

Ein Teil von dir ist neidisch, was fehlt ihm? Was enthältst du ihm vor? In welchen Bereichen bist du im Umgang mit dir zu geizig?

Welche Gedankenmuster hindern dich daran, dir deine Wünsche zu erfüllen?

Womit haben deine Eltern gegeizt, wo waren sie großzügig?

Warst du neidisch oder eifersüchtig auf deine Geschwister oder andere Personen?

Trauer

Du bist traurig, weil dein Freund/deine Freundin keine Zeit für dich hat. Du sagst vielleicht: »Nie hast du Zeit für mich, du liebst mich nicht genügend.«

So spricht ein Teil von dir. Stell dir vor, er sagt es zu dir.

Stimmt es, gönnst du dir keine Zeit?

Hatten deine Eltern Zeit für dich?

Wofür solltest du dir mehr Zeit nehmen? Dabei geht es um Bereiche, die dich zufrieden und glücklich machen, unabhängig von der geliebten Person.

Enttäuschung über den Partner

»Ich liebe dich, weil ich dich brauche«, darauf läuft es hinaus. Du machst den anderen für dein Glück verantwortlich und das belastet ihn. Besser wäre: »Es geht mir von Grund auf gut, mit dir geht es mir noch besser.«

Schaffe dir Lebensumstände, mit denen du zufrieden bist, dann brauchst du immer weniger Personen aus dem Außen.

Es macht den Menschen in deiner Umgebung auch mehr Spaß, mit dir zusammen zu sein.

Natürlich sind wir als Partner auch immer wieder füreinander da und übernehmen zeitweise auch Elternfunktionen. Wenn wir den anderen aber nur brauchen, um unsere Defizite auszugleichen, dann ist etwas schief in der Beziehung.

Ärger

Du ärgerst dich, weil du wieder »ja« gesagt hast, statt »nein«. Du schiebst den Ärger ab: »Die ist vielleicht unverschämt, lädt jede Woche ihre Kinder bei mir ab und macht sich einen schönen Tag.«

Ein Teil von dir ärgert sich, weil du nicht nein sagen kannst, dein inneres Kind ist wütend auf dich und möchte, dass du dich auch mal um euch zwei kümmerst und nicht immer um die anderen.

Was sind die vorherrschenden Gefühle deines inneren Kindes?

Immer wenn dich eines der folgenden Gefühle plagt, kannst du dir Zeit nehmen und den Ursachen auf den Grund gehen. Wenn du merkst, dass eines dieser Gefühle auftaucht, ziehe dich möglichst zurück und horche in dich hinein. Das ist sicher zunächst ungewohnt, wenn du gewohnt bist, deine Gefühle sofort zu äußern und auf deine Umgebung (Kinder, Partner, Freunde) abzuladen. Es bedeutet auch nicht, dass du die Gefühle nun ganz beherrschen und zurückhalten musst. Du kannst zum Beispiel sagen: »Das macht mich nun aber ganz wütend, ich muss eine Weile allein sein (Ruhe haben) und schauen, was da in mir passiert. Wir können nachher weiter reden.«

(Ich-Botschaften geben)

Siehe auch noch einmal Seite 102 »Gefühle als Barometer der Seele«.

Wut – worauf bist du wütend? Was will der wütende Teil von dir?

Trauer – was macht dich traurig? Wie kannst du für den traurigen Teil sorgen?

Eifersucht – worauf bist du eifersüchtig? Woran mangelt es dir? Wie sehen deine Kontakte aus?

Neid – was macht dich neidisch? Was enthältst du dir vor?

Ärger – worüber ärgerst du dich oft? Welche Veränderungen wünscht dieser ärgerliche Teil sich von dir?

Angst – wovor hast du Angst? Was kannst du für deine innere Sicherheit tun?

Die Gefühle der anderen – stell dich nicht als Projektionsfläche zur Verfügung!

Auch die anderen müssen lernen, die Verantwortung für ihre Gefühle zu übernehmen, lass dir nicht alles in die Schuhe schieben!

Wenn jemand seinen Ärger oder seine Wut bei dir abladen will, dann halte einen Moment inne und frage dich, ob es wirklich dich betrifft, du es verursacht hast oder ob es das Problem des anderen ist, der etwas auf dich abwälzen möchte.

Wenn du immer wieder missachtet wirst, keine Rücksicht auf dich genommen wird, du immer wieder die Person bist, die den Dreck wegmacht, dann ziehst du es regelrecht an.

Es gibt Auffassungen, Gedankenmuster, die eine bestimmte Situation immer wieder herstellen.

Spüre sie auf und verändere sie!

Arbeite mit Affirmationen und der Vorstellungskraft. Denke an die Möglichkeit des mentalen Um-Erlebens. (Einen neuen Film drehen)

Die Situationen, in die wir immer wieder hineingeraten, sind wie ein Spiegel für uns, sie zeigen uns unsere Muster. Leider geben wir gar zu oft dem Spiegel die Schuld und vertun damit die Chance, etwas zu verändern.

Aber jeder Tag, jede Minute kann ein Neuanfang sein.

❖ **Übung für den Morgen:**

- Das »Gebet am Morgen« sprechen
- Stelle dir schon beim Duschen vor, wie alles Alte weggespült und im Klärwerk gereinigt wird.
- Stelle dir das Wasser als reinigend vor, das nicht nur deinen Körper umspült, sondern alle Zellen erneuert.

❖ **Übung für den Abend**

- für alle positiven Momente des Tages danken
- anderes mental neu gestalten

Das geliebte Kind

Wenn wir uns unserem inneren Kind zuwenden, es ernst nehmen und seine wahren Bedürfnisse erfüllen, werden wir reich belohnt werden. Es ist eine Quelle der Kraft, Dynamik, Lebenslust und Lebendigkeit, wie wir sie vorher nicht gekannt haben. Wir werden stärker, selbstbewusster und sind immer mehr in uns selbst zu Hause. Das innere Kind hat eine gute Verbindung zur inneren Weisheit. Unsere innere Stimme würde uns nie einen Rat geben, der unserem Kind schadet. Die beiden arbeiten gut zusammen, wir müssen sie nur lassen. Das bedeutet auch, dass unsere intuitive Seite immer stärker wird.

Wann hast du zum letzten Mal das Bedürfnis gehabt, vor Freude herumzuhüpfen?

Das geliebte Kind ist verspielt und fantasievoll. Menschen, die in Kontakt mit diesem lustvollen und lebendigen Aspekt ihrer Persönlichkeit sind, strahlen Begeisterung und Lebensfreude aus.

Unsere Fähigkeit, uns zu freuen und Spaß zu haben, hängt von der Tiefe der Verbindung zu unserem inneren Kind ab.

Eine von Grund auf positive, freudige und liebevolle Einstellung zum Leben hilft uns auch, Krisen und sorgenvolle Zeiten besser zu bewältigen. Zum einen haben wir durch die Arbeit mit dem inneren Kind gelernt, Schmerzen zu akzeptieren und zu bearbeiten, zum anderen hat ein befreites inneres Kind eine andere Sicht von der Welt. Es hat gelernt, sie zu bestaunen und zu genießen, der Blick ist weiter geworden, sodass uns die inneren und äußeren Reichtümer auch in schwereren Zeiten immer noch bewusst sind.

Es gibt auf unserem Weg natürlich etliche Hindernisse zu überwinden, z.B. Gedankenmuster (auch aus Chopich/Paul entnommen), wie folgende:

- In mir gibt es kein inneres Kind, andere mögen eins haben, aber ich nicht.
- Alle werden glauben, ich sei zu optimistisch und werden mich nicht ernst nehmen.
- Wirke ich dann nicht zu kindisch?
- Meine Kinder denken, ich versuche nur "auf jung zu machen"
- Wenn ich mich meinem Kind öffne, werde ich die Kontrolle über mein Leben verlieren.

Da hilft es, zurückzugehen und nachzuforschen. Wann

habe ich das letzte Mal auf meine innere Stimme gehört und es war richtig? Wie habe ich mich da gefühlt?

Die Arbeit mit dem inneren Kind bedeutet, von uns abgetrennte Teile wieder einfügen, wie bei einer kostbaren Porzellanvase. Wir nehmen einen guten Kleber und fügen sie wieder zusammen. Es bleiben zwar Risse, bei uns sind es Narben, aber wir haben die Vase gerettet.

Wenn wir unser inneres Kind liebevoll behandeln, schaffen wir die innere Verbindung, die die Leere in uns füllt, und wir müssen diese Leere nicht von außen, durch Suchtmittel oder andere Abhängigkeiten zustopfen. Je mehr wir lernen, unser inneres Kind liebevoll zu behandeln, desto tragfähiger und sicherer wird die innere Verbindung. Das bringt uns Frieden, Freude, Kraft und Ganzheit und schützt uns davor, uns aufzugeben, um von anderen geliebt zu werden.

Kontakt zum inneren Kind herstellen

Wie bekommst du Kontakt zum inneren Kind?

❖ Meditation

Entspanne dich im Sitzen oder im Liegen und gehe an deinen inneren Entspannungsort. Genieße den Ort.

Lass vor deinem inneren Auge in der Ferne ein Kind auftauchen, das immer näher kommt.

Nimm vorsichtig Kontakt mit ihm auf.

Versuche, seine Bedürfnisse kennenzulernen. Möchte es spielen, kuscheln, hat es eine Botschaft für dich? Nimm dir Zeit für die Übung. Es kann sein, dass dein Kind sehr misstrauisch ist, weil du es lange Zeit vernachlässigt hast. Wenn es noch nicht zu dir kommen möchte, dann wiederhole die Übung. Mit der Zeit wird dein inneres Kind dir vertrauen, allein aufgrund der Tatsache, dass du immer wieder den Versuch machst und nicht aufgibst.

Am Ende der Übung kannst du das Kind fragen, ob es mit dir kommen oder am Entspannungsort bleiben möchte. Wenn es dort bleiben will, dann versprich ihm, bald wiederzukommen. Wenn es mitkommen möchte, dann lass es ganz klein werden und lege es in dein Herz.

❖ Fotos anschauen

Schau dir Kinderfotos aus verschiedenen Altersstufen an! Versuche, dich in das Kind von damals einzufühlen.

- Welches Bild rührt dich am meisten an?
- Was hat diesem Kind gefehlt?
- Was fehlt dir auch heute noch?
- Was wünschte es sich damals von den Eltern?
- Was wünscht es sich heute von dir?
- Wie kannst du die Bedürfnisse erfüllen?
- Was hat ihm damals Spaß gemacht?

❖ Schreiben

Besorge dir ein Heft, in dem du dich mit deinem inneren Kind unterhältst. Die dominante Hand schreibt die Frage, die nicht-dominante antwortet. Bei Rechtshändern schreibt also die rechte Hand und die linke antwortet und bei Linkshändern umgekehrt.

Schreibe einen Brief an dein inneres Kind! Schau, was es mit seiner krickeligen Schrift antwortet.

❖ Selbstgespräche

Spürst du ein starkes Gefühl, z.B. Trauer oder Wut, dann sorge dafür, dass du mit dir allein bist. Setze dich hin, gehe in das Gefühl hinein. Lass es zu, spüre das Gefühl und lebe es aus. Weine, wüte, schlage auf Kissen, schreie im Auto, was immer du möchtest. Dann sprich mit diesem Anteil in dir. Welches Gedankenmuster liegt ihm zugrunde? In welchem Alter ist es entstanden?

Du kannst dabei auch ein Kuscheltier in den Arm nehmen und dir vorstellen, es ist dein inneres Kind.

❖ Spüre deine Gedankenmuster auf!

❖ Führe die Sätze fort!

Ich bin gut, wenn ich ...

Ich erkenne mich an, wenn ich ...

Ich brauche Aufmerksamkeit, Anerkennung von ...

Ich mache auf mich aufmerksam durch ...

- **Erforsche die Programme aus der Kindheit!**

Was hielten deine Eltern von dir?

Vater:
Mutter:

Wofür wurdest du gelobt?
Wofür wurdest du getadelt?

Wie hast du deine Eltern vorwiegend erlebt? Z.B. fordernd, kritisierend, unterstützend, unterdrückend, sorgenvoll, lebensfroh ...

- **Lass dein inneres Kind Affirmationen schreiben**

- **Schaffe dir Bilder und Symbole**

Was rührt dein inneres Kind an? Über welche Bilder freut es sich (der Erwachsene findet sie vielleicht kitschig, aber hier soll er sich mal zurückhalten)?

- **Werde ein liebevoller Elternteil für dein inneres Kind!**

Wie gehen wir mit einem Kind um, damit sich richtig entfalten, seine Anlagen entwickeln und fröhlich sein soll?

- wenn es einen Fehler gemacht hat
- wenn es müde ist
- wenn es traurig ist
- wenn es nur naschen will
- wenn es krank ist
- wenn es meint, es sei zu dick, zu dünn usw.
- wenn es ein Instrument lernen oder malen möchte
- wenn es über Arbeiten mault, die keinen Spaß machen, aber sein müssen
- wenn es mit jemandem nicht spielen will, der anruft

Und wie gehen wir in diesen Fällen mit uns selbst um?

Überprüfe einmal jede aufgezählte Situation und schau, wo du liebevoller mit dir umgehen kannst. Sprich mit dir selbst wie mit einem Kind und versuche Lösungen zu finden, die dein inneres Kind akzeptiert. Stell dir vor, du nimmst dein inneres Kind dabei auf den Schoß und es kuschelt sich an dich.

Du kannst auch hier ein Kuscheltier dabei in den Arm nehmen, das dein inneres Kind darstellt.

Lebendigkeit und Lebensfreude

Die Verbindung mit dem inneren Kind macht uns lebendiger, stärkt unsere Energie und mobilisiert Kraftreserven!

Frage dich immer wieder:

- Was macht mir Freude?
- Wann fühle ich mich lebendig und energievoll?
- Wann fühle ich einen inneren Frieden?

Verstärke diese Situationen in deinem leben, so oft es geht!

Rückführungen

Rückführungen in die Kindheit helfen uns, schnell an die wunden Punkte zu gelangen. Wir reisen in der Tiefenentspannung mit Hilfe des weisen Selbst (z.B. alter weiser Mann, weise Frau) oder dem Schutzengel zu Situationen zurück, die sich im heutigen Leben immer noch auswirken, erleben sie noch einmal und lassen sie los.

Dabei stehen wir dem Kind von damals als der heutige Erwachsene zur Seite.

Lass dich von jemandem, der Erfahrungen auf diesem Gebiet hat, zurückführen in die Kindheit, zu Situationen, in denen die Ursachen für die heutigen Schwierigkeiten liegen.

Erlebe die Situation in einer geschützten Atmosphäre noch einmal und lass sie dann los. Damals war das Kind allein, heute ist es begleitet von dem weisen Selbst, der oder dem Therapeuten und von deinem inneren Erwachsenen.

Das Fühlen und Durcharbeiten früherer Verletzungen löst Blockaden auf und setzt Energie frei. Durch Verdrängen dagegen blockieren wir unsere Energie.

Rückführungen in die Kindheit über die weise innere Instanz oder den Schutzengel sorgen dafür, dass wir nur das erleben, was wir verkraften können. Während der Rückführung können wir dieses Wesen auch immer um Hilfe und Rat bitten. Es ist stets präsent und hilfsbereit und wir fühlen uns aufgehoben.

Es kann allerdings auch sein, dass die Ursachen nicht in diesem Leben, sondern einer früheren Inkarnation zu finden sind. Das ist besonders oft bei Beziehungsproblemen der Fall oder bei körperlichen Problemen, für die es keine Erklärung gibt, und auch Ängsten aller Art.

Am Ende einer Rückführung helfen uns die Engel, die Aura und Chakren von alten Energien zu reinigen und mit heilendem Licht aufzufüllen.

9. Schritt – Sei gut zu deinem Körper!

Die Körperebene

Die Körperebene ist nach den Gedanken, Vorstellungen und Gefühlen die letzte Ebene der Unendlichkeitsschleife. Unser Körper reagiert oft unmittelbar auf negative Gedanken oder Gefühle. Wenn wir in diesen Bereichen Klarheit schaffen, tun wir auch gleichzeitig immer etwas für unseren Körper. Paracelsus hat ja einmal gesagt: »Willst du den Körper heilen, musst du zuerst die Seele heilen.«

Aber wir sollten ihm darüber hinaus auch Aufmerksamkeit widmen, denn ein gesunder Körper wirkt sich ja auch wieder auf die anderen Ebenen aus. Und schließlich ist der Körper das Haus unserer Seele. Und unsere Häuser oder Wohnungen pflegen wir ja auch regelmäßig.

Was kannst du auf körperlicher Ebene tun, um aus dem Kreislauf herauszukommen? Die Möglichkeiten sind so vielfältig, dass ich hier nur kurz darauf eingehen möchte.

❖ **Zunächst zur Sofortmaßnahme im Katastrophenfall:**

Nehmen wir einmal an, du sitzt im Sessel und in deinem Kopf laufen alle möglichen Horrorfilme ab. Deine Schultern sind eingesackt, der Kopf ist gesenkt – so kannst du natürlich gut leiden und dir immer Schrecklicheres ausmalen.

Das einfachste ist, die Körperhaltung zu verändern.

Richte dich auf, mach dich gerade und schaue aus dem Fenster, nimm deine Umgebung bewusst wahr, die Natur, das Leben auf der Straße, was immer du gerade siehst.

Steh auf, mach einen Spaziergang oder nimm dein Fahrrad und verlasse den Ort des Grübelns! Suche einen Ort in der Natur auf, an dem du dich gut fühlst. Oder greife zum Telefon und besprich alles mit deiner besten Freundin, deinem besten Freund.

❖ **Höre auf die Botschaften deines Körpers!**

Jede Krankheit hat eine Botschaft für dich, versuche, sie zu ergründen. Frage deinen inneren Weisen nach ihrem Sinn. Besorge dir Bücher, die dieses Thema zum Inhalt haben, z.B. von Louise Hay oder Thorwald Detlefsen und Rüdiger Dahlke.

Finde die für dich passende Therapie heraus!

Informiere dich gründlich! Lass dich auch hier von deiner inneren Stimme leiten.

❖ **Tu was für deinen Körper!**

Es gibt so viele Möglichkeiten, sich körperlich zu betätigen, dass du sicher die für dich geeignete Form herausfindest. Neben Fitnesssport gibt es etliche meditative Körperübungen wie z.B. Yoga, Tai Chi oder die 5 Tibeter.

Sorge für ausreichend Schlaf und eine gesunde Ernährung.

❖ **Entspanne dich!**

Ebenso wichtig ist es, eine Entspannungsübung zu beherrschen, mit der man in Stresszeiten innerhalb von kurzer Zeit zur Ruhe kommt.

Das Autogene Training oder die progressive Muskelentspannung sind lang erprobte und bewährte Entspannungsformen und die Teilnehmer meiner Kurse sind immer wieder begeistert über die schnellen Erfolge, wenn sie regelmäßig zu Hause üben.

Reiki

Reiki gehört für mich zu den täglichen Übungen, um meine »Batterie« wieder aufzutanken.

Als Reiki- Meisterin/Lehrerin möchte ich an dieser Stelle auf das besondere Geschenk hinweisen, das uns Dr. Usui mit der Wiederentdeckung von Reiki gemacht hat.

Reiki bedeutet »universale Lebensenergie« und hat eine umfassende Wirkung auf Körper, Geist und Seele. Reiki wirkt ganzheitlich und fließt dahin, wo es gebraucht wird.

Deshalb nimmt es für mich unter den Körperübungen auch eine Sonderstellung ein.

Reiki wirkt auf energetischer Basis. Es wird von den Chakren (Energiezentren) aufgenommen und durch verschiedene Energiebahnen im Körper weitergeleitet. So gelangt es in alle Organe, führt zu tiefer Entspannung und löst Energieblockaden auf. Wenn du dich selbst täglich mit Reiki behandelst, kannst du viel für deine Gesundheit tun und bekommst dazu immer mehr Klarheit auf mentaler und emotionaler Ebene. Reiki ist also für alle Stationen der Schleife heilsam – das ist so, weil es aus dem Überbau der Schleife kommt, es ist in der geistigen Welt zu Hause, eine göttliche Energie, eben die universale Lebensenergie.

Schon nach einem Wochenendseminar bist du in der Lage, dir und anderen Menschen die Hände aufzulegen. Du bist zum Reiki-Kanal geworden.

Wenn du ein Reiki-Seminar besuchen möchtest, dann informiere dich vorher gut – es gibt inzwischen viele gute Bücher über Reiki.

Lerne den Meister/die Meisterin kennen und lass dir eine Probebehandlung geben. Es ist wichtig, dass du ein gutes Gefühl hast, sonst suche lieber noch ein bisschen weiter.

Es gibt in der Reiki-Szene inzwischen sehr große Unterschiede. Teilweise werden die Meister/Lehrer-Titel im Schnellverfahren spottbillig vermittelt oder sogar bei eBay versteigert.

Ich halte auch nichts von Ferneinweihungen, da gerade in diesem Bereich die Meister-Schüler-Verbindung sehr wichtig ist und man nicht weiß, wer am anderen Ende sitzt – bei jeder Einweihung ist der Schutz besonders wichtig.

Wurden früher nur Menschen eingeweiht, die ihre Persönlichkeit weitgehend geklärt hatten, so kann heute jeder innerhalb kurzer Zeit Reiki-Lehrer werden. Aber ich denke, dass sich auch hier Qualität auf Dauer durchsetzen wird.

10. Schritt – Methoden der Wunsch- und Zielverwirklichung

Nachdem wir nun alle Stationen der Schleife durchgegangen sind, möchte ich noch einmal auf die systematische Arbeit an den Wünschen und Zielen eingehen.

Stelle dir immer wieder folgende Fragen:

1. Aus welchem Grund möchte ich das gern machen?
    - Erleichtert es mein Leben?
    - Ist es lebensnotwendig?
    - Ist es ein Herzenswunsch?
    - Will ich mein Image aufbessern?

2. Welche Gefühle treiben mich zu dem Vorhaben?
    - Sehe ich darin einen Teil meines Lebensglückes?
    - Ist meine innere Stimme dafür?
    - Empfinde ich Freude dabei, wenn ich mir das Ziel als erreicht vorstelle?

3. Was nehme ich dafür auf mich?
    - Ist das die Sache wert?
    - Wie viel Zeit und Kraft kostet es?
    - Besteht eine reale Möglichkeit, es in diesem Leben noch zu erreichen?

4. Ist es wirklich mein Ziel, mein Wunsch?
   Oder möchte es mein Mann, meine Frau, Mutter, Vater, Kinder, mein Chef oder sonst jemand?

5. Schade ich mit meinem Wunsch jemandem oder mir selbst?

6. Bin ich bereit, ein Risiko einzugehen? Altes loszulassen?

Wenn mein Wunsch mir selbst und auch anderen zum Nutzen ist, kann ich die Unterstützung des Universums am ehesten erwarten. Wichtig ist noch die Geheimhaltung, denn viele Menschen zeigen kein Verständnis für unsere Veränderungen und könnten uns nur verunsichern. Daher sollten wir nur mit wirklich vertrauten Personen darüber sprechen, wenn wir eine andere Meinung hören wollen. Aber immer daran denken, jeder hat seine Wahrheit, und der andere spiegelt uns meist nur unsere eigenen Zweifel.

Geld, materielle Wünsche

1. Geld an sich ist nichts Schlechtes, es ist nur eine Form von Energie. Ich bekomme Geld, wenn ich arbeite, meine Energie zur Verfügung stelle. Es ist lediglich ein Tauschmittel

2. Vor dem Verdienen kommt immer das Dienen, erst kommt das Geben, dann das Nehmen.

3. Ich muss auch das Gefühl haben, es zu verdienen, wenn ich Geld negativ sehe, entsteht eine Blockade.

Beruf, Arbeit

Wenn ich eine Arbeit habe, die mir nicht mehr gefällt, kann ich trotzdem für das danken, was sie mir gegeben hat und wenn es »nur« das Geld für meinen Lebensunterhalt ist. Wenn ich erst mal keine andere Arbeitsmöglichkeit habe, kann ich meine Einstellung verändern, meinen Arbeitsplatz anders gestalten.

Habe ich eine Idealvorstellung von einer Arbeit, die ich gern tun würde, dann sollte ich sie mir möglichst oft bildlich vorstellen, als hätte ich sie schon.

Beziehungen

1. Am wichtigsten ist die Beziehung zu mir selbst- die Selbstliebe, Selbstannahme.

»Du sollst deinen Nächsten lieben wie dich selbst.«

Es ist immer wichtig, seine eigenen Anlagen zu entwickeln, seine eigenen Interessen zu verfolgen, eigene Hobbys zu haben und mit sich selbst glücklich zu sein. Ein eigenständiger unabhängiger Mensch, der aus seiner Mitte heraus lebt, zieht ganz andere Menschen an, als ein unselbstständiger und unzufriedener Mensch.

2. Auch hier kommt immer das Geben vor dem Nehmen. Was ich vom anderen erwarte, sollte ich erst mal selbst zu geben bereit sein.

3. Was mich am anderen stört, ist oft eine Eigenschaft, die ich auch habe, vielleicht auf anderer Ebene oder in anderen Bereichen. Die Mitmenschen sind wie ein Spiegel für uns.

Bei Wünschen bezüglich Partnerschaft/Beziehungen sollte ich mich selbst erst mal in der idealen Vorstellung sehen, mit den Eigenschaften, die ich mir vom anderen wünsche, mich selbst erst mal dahin entwickeln. Dann ziehe ich auch entsprechende Personen in mein Leben.

Fließ über

1. Alles sollte im Fluss sein. Ich sollte von allem, was ich bekomme, verdiene, auch bereit sein, etwas abzugeben (Spenden für wohltätige Zwecke, gemeinnützige Vereine, sinnvolle Projekte). Von Herzen geben, nicht aus Berechnung (siehe: Märchen »Frau Holle«).

2. Nicht nur materielle Dinge, sondern auch mal seine Zeit für andere geben, zuhören, einen Gefallen tun, Verständnis und Liebe entgegenbringen.

Für alle Bereiche gilt: Danken als Magnet

Bevor ich mir Neues wünsche, sollte ich mir meines Reichtums bewusst werden und von Herzen für das danken, was ich besitze – Materielle Güter, Gesundheit, Beziehungen. Dabei zählt nicht nur der persönliche Besitz, ob mir das Haus gehört oder ob ich es gemietet habe, ist in dem Fall egal, es steht mir zur Verfügung, ich kann es nutzen und dafür danken. Dank ist wie ein Magnet, von Herzen für etwas danken, was wir schon haben, schafft ein liebevolles Herz und das wirkt wie ein Kanal für das Wirken der universalen Lebenskraft, die wir Gott nennen.

Denn vieles ist in unserem Leben in Ordnung, wir schauen aber auf das wenige, was nicht in Ordnung ist.

Es gilt: Für das, was da ist, zu danken und das was ich erreichen will, mir vorzustellen.

❖ Schreibe auf! Verschaffe dir Klarheit über deine Ziele!

Gedanken sind flüchtig, daher ist es immer wieder wichtig, Wünsche, Gedanken, Vorstellungen zu Papier zu bringen.

1. Erstes Arbeitsblatt:

Für die verschiedenen Bereiche des Lebens, Ziele, Wünsche spontan, ohne viel nachzudenken, stichwortartig aufschreiben:
Arbeit/ Beruf,
Gesundheit/Sport,
Beziehungen,
Lebensstil/Besitz,
Freizeit/Reisen,
schöpferischer Selbstausdruck (z.B. Musik, Malerei, Tanz),
persönliches Wachstum,
Weiterbildung…
Weltlage, Umwelt, ehrenamtliches Engagement

2. Zweites Arbeitsblatt:

Ziele, Wünsche so formulieren, als wenn sie schon erfüllt sind.
»Ich bewohne ein schönes Haus mit Garten.«
Oder »Ich habe eine Arbeitsstelle, die mich ausfüllt ...«

Male dir deine Visionen möglichst konkret aus, stelle dir den Idealzustand vor

Das ist zuerst etwas ungewohnt und man kommt sich vor,

als ob man sich selbst belügt, aber das Unterbewusstsein braucht Bilder, nach denen es sich richten kann. Erst muss es auf der geistigen Ebene als erreicht vorgestellt werden, bevor es sich auf der materiellen Ebene verwirklichen kann. Das gilt auch für Krankheiten. So lange ich das Bild der Krankheit in mir habe, kann ich nicht gesund werden.

Sollten die Vorstellungen noch wenig konkret sein, dann helfen auch allgemeine Formulierungen:

Mehr Frieden in meinem Leben ...
Harmonische Beziehungen …

Oder Eigenschaften, die du erreichen möchtest:

Durchsetzungskraft, Sanftmut, Geduld …

Sieh dich selbst mit diesen Eigenschaften in verschiedenen Situationen.

Die Geistige Welt um Hilfe bitten

- ❖ Nach der Bearbeitung des zweiten Arbeitsblattes sucht man sich einen Wunsch aus, der mit Energie aufgeladen werden soll. Das kann der am leichtesten zu erfüllende Wunsch sein oder der größte und wichtigste, wer große Zweifel hat, nimmt am besten ein leicht zu erreichendes Ziel.

- ❖ Dann entspannen wir uns, stellen uns die gewünschte Situation so genau wie möglich vor, sodass sie wie ein Film vor unseren Augen abläuft – dabei sollten wir Freude empfinden, sonst ist es nicht der richtige Wunsch. Wenn unangenehme Gefühle auftauchen, lieber einen anderen Wunsch nehmen und nachher noch einmal in sich gehen, den Wunsch noch einmal überprüfen (siehe »Zielfindung«).

Wenn du das Gefühl hast, alles genau vor Augen zu sehen, dann denke dir um deinen Wunsch eine rosarote Seifenblase und lasse sie wie einen Luftballon davon schweben, mit dem Satz: **»Dieses oder etwas Besseres verwirklicht sich jetzt zum Wohle aller Beteiligten.«**

Damit erreicht man, dass der Wunsch keinem zum Schaden ist und ich auch noch die Möglichkeit habe, eine andere Lösung zu finden, die ich bisher nur noch nicht gesehen habe. Damit hast du den Wunsch ins Universum geschickt – warte auf Zeichen und Gelegenheiten! Wenn du schon handeln kannst, dann unternehme die ersten Schritte!

❖ Handeln

Frage dich: Was kann ich tun? Gibt es erste Schritte in die Richtung?

Das Universum unterstützt uns in unseren Wünschen und Zielen, aber wir müssen auch handeln. Wir nehmen uns die Liste mit den Zielen und gehen sie durch und schauen, was wir als nächstes tun können. z.B.:

1. Ziel: Verbesserungen im Arbeitsbereich – Beraten lassen, Kurse besuchen, Bücher lesen

2. Ziel: neue Möbel – einen bestimmten Betrag beiseite legen, Prospekte besorgen, Ausstellungen ansehen

3. Ziel: Kontakt zu Freunden verbessern – sie anrufen, einladen, gemeinsame Unternehmung vorschlagen usw.

Das alles aber nicht krampfhaft, sondern gern tun, immer das Ziel vor Augen und gleichzeitig offen sein für Zeichen aus der Umgebung, die vielleicht eine bessere Möglichkeit oder Kurskorrektur bedeuten. Auch nicht verbissen daran arbeiten, sondern zwischendurch loslassen und ganz etwas anderes machen.

Regelmäßige Arbeit an den Zielen, Wünschen, Träumen

Das Leben fließt, alles verändert sich! Daher kann man diese Techniken immer wieder anwenden, wenn Zeiten kommen, in denen man Bilanz ziehen möchte oder ein Wechsel im beruflichen oder privaten Bereich ansteht. Daher hier noch einmal das Vorgehen:

1. Eine Liste der verschiedenen Ziele erstellen.

2. Die Ziele
 a) der Wichtigkeit und
 b) der Erreichbarkeit nach sortieren. Also 2 verschiedene Listen schreiben

3. Überprüfen, ob es einen Schritt gibt, den man jetzt schon tun kann.

4. Affirmationen für die einzelnen Ziele entwickeln, auf-

schreiben, regelmäßig ansehen, aufhängen.

5. Bilder, Symbole, die das Ziel verdeutlichen malen, ausschneiden, aufkleben.

Anfangs sollte man die Liste(n) einmal pro Woche anschauen und überprüfen. Es kann eine Weile dauern, bis man herausfindet, was man sich wirklich am sehnlichsten wünscht. Es geht ja auch darum, das Drängen der Seele zu vernehmen, den Traum, der in uns wohnt, wahrzunehmen. Oft verhindern alte Programme, dass man sich den Wunsch sogleich eingesteht. Daher dauert die Zielfindungsphase verschieden lange. Später reicht es dann, alle paar Wochen die Liste hervorzuholen und zu überprüfen.

Oft hat sich ein Wunsch verwirklicht oder ein Ziel ist erreicht und wir haben es gar nicht bewusst wahrgenommen. Dann sollte man sich die Zeit nehmen, einmal innezuhalten und zu danken.

Wichtig ist, dass man bei jeder Veränderung die Liste immer wieder neu schreibt.

Man kann an vielen Zielen gleichzeitig arbeiten, sollte sich aber nicht zu viel vornehmen. Besser, man macht kleine Schritte und strebt zunächst Ziele an, die im Bereich der Möglichkeiten liegen.

Der Erfolg macht Mut, zu hohe Erwartungen führen leicht zu Enttäuschungen.

Eine Wunschbiografie schreiben – frage dich:

Worauf möchte ich am Ende meines Lebens zurückblicken?

Was möchte ich in 1,3,5 Jahren erreicht haben?

Wenn ich in 1,2,5 Jahren auf mein heutiges Leben blicke, was würde mir leid tun, noch nicht getan zu haben?

Schlusswort

Liebe Leserin, lieber Leser!

Vielleicht hast du inzwischen schon einiges ausprobiert? Und hoffentlich die ersten Erfolge erzielt?

Erfolg ist, was aus unserem Denken und Handeln heraus »erfolgt« – das Universum unterscheidet nicht, ob es gut für uns ist oder nicht, es erfüllt zunächst neutral alles, was wir uns erdenken.

Lediglich unser Schutzengel oder die licht- und liebevollen geistigen Führer passen ein wenig auf uns auf – umso mehr, wenn wir sie einbeziehen und um ihre Hilfe bitten.

Mach reichlich davon Gebrauch! Sie sitzen alle in den Startlöchern und warten auf unsere Bitten.

Wie schon erwähnt, sie lassen uns den freien Willen!

Vielleicht hast du das Buch auch erst mal nur durchgelesen, dann beginne noch einmal von vorn und mach dich an die Arbeit!

Mache die Übungen Schritt für Schritt, das Tempo bestimmst du selbst.

Ich habe versucht, alles darin unterzubringen, was mir auf meinem Weg geholfen hat, möge es auch dir immer wieder etwas nützen, ob in Krisensituationen oder allgemein im Alltag, denn alltagstauglich ist es ganz bestimmt.

So wünsche ich dir ein wunderschönes Leben, immer mit beiden Beinen auf der Erde, gut verwurzelt und mit Anbindung an den Himmel!

Alles Liebe, Erika